Ploetz-Taschenbücher zum Zeitgeschehen

Band 9

Zu diesem Buch:

Die islamische Welt, noch vor einer Generation als „schlafender Riese" abgetan, ist geistig, religiös, politisch und wirtschaftlich aufgewacht. Der Großteil unserer Energie- und Rohstoffreserven befindet sich in Muslimstaaten, von den marokkanischen Phosphaten über das Nahostöl bis zu den Bodenschätzen von Malaysia und Indonesien. Die westlichen Industrieländer werden immer stärker auf die Zusammenarbeit mit islambewußten Regierungen und Führerpersönlichkeiten angewiesen, die ihre Schlüsselstellung als Energieversorger bewußt und gezielt in den Dienst islamischer Renaissance im weltweiten Rahmen stellen.

In den letzten zehn Jahren hat ein wiedererstarkender Islam zwischen Algerien und Pakistan fast alles hinweggefegt, was sich bei Arabern, Persern und anderen Muslimvölkern an europäisch-orientierten Systemen und Ideologien etabliert hatte. Davon besonders betroffen wurde der nahöstliche Ableger des Marxismus, der sogenannte „Arabische Sozialismus".

Das Phänomen des islamischen Erwachens, der Re-Islamisierung, darf keineswegs auf die äußeren Faktoren Erdöl, Petrodollars und Recycling reduziert werden. Es handelt sich um eine vielgestaltige geistesgeschichtliche Entwicklung, deren Anfänge ins 18. Jahrhundert zurückreichen, von der heute die Zukunft Europas wie Israels, der ganzen westlichen Wirtschaftswelt und des christlich geprägten Abendlandes entscheidend mitbestimmt werden.

Um den Islam kann niemand mehr herum, er geht uns heute schon alle an!

Heinz Gstrein

Marx oder Mohammed

Arabischer Sozialismus
und islamische Erneuerung

Verlag Ploetz Freiburg · Würzburg

Alle Rechte vorbehalten – Printed in Germany
© Verlag Ploetz GmbH & Co. KG Freiburg/Würzburg 1979
Herstellung: Freiburger Graphische Betriebe 1979
ISBN 3-87640-179-8

Inhalt

Vorwort 7

I. *Aus Rot wird Grün – Eine aktuelle Bestandsaufnahme der islamischen Restauration* 9
1. Die saudische Gottesburg – Feisal stoppt den Nasserismus 9
2. Gaddafi, der ungelehrige Nasserschüler – Libyens Weg vom Ordensstaat zur Islamkommune 16
3. Ein alter Muslimbruder an der Macht – Das widersprüchliche Phänomen Anwar as-Sadat 25
4. Moscheen statt Kulturhäuser – Die Re-Islamisierung im Magreb 35
5. Religion über Ideologie – Islamische Wende im Irak 47
6. Bis zum Sturz des Pfauenthrons – Islamische Republik Iran 51

II. *Von Tahtauwi bis Heikal – Der Arabische Sozialismus* 61
1. Eine Anti-Ideologie – Gegen Feudalismus, Kolonialismus, Zionismus 61
2. Die neue Elite – Träger der arabischen Revolution 68
3. Nasserismus – Baath – Befreiungssozialismus: Rivalen oder Partner? 70
4. Einheit – Freiheit – Sozialismus: Im arabischen Parteiendschungel 78
5. „Bruder Oberst" hat das letzte Wort – Arabischer Sozialismus und Militarismus 81
6. Fortschritt oder Klassenkampf – Der marxistische Überbau 82
7. Präsenz im Scheitern – Bewährung und Versagen des Sozialismus 84

III. *Die vitale Diesseitsreligion – Der Islam will die Welt verwandeln* 87
1. Mehr Staatsmann als Prophet – Die Theokratie Muhammads 87
2. Dschamia und Kalifat – Islamische Gemeinde- und Staatsstruktur 88
3. Ibn Khaldun – Die klassische islamische Soziallehre 92
4. Postsparen ist erlaubt – Die „modernistischen" Theologen 95
5. Ohne Tanz und Würfelspiel – Das puritanische Konzept des Wahhabismus 102
6. Der verborgene Imam – Politisches und gesellschaftliches Engagement der Schia 106

IV. *Wandel und Wirkungen – Die islamische Erneuerung geht uns alle an* 109
1. Kampf ums Heilige Land – Neue Weichenstellungen im Nahostkonflikt 109
2. Das Erdöl – Allahs Segen: Petrolboykott statt Heiligem Krieg 111
3. Unheilige Allianzen – Arabische Revolution und Restauration im Vorfeld des Ringens der Supermächte 114
4. Schluß mit dem Alkohol – Ein äußerlicher Formalismus und seine Gefahren 115
5. Ein Gott – Eine Gesellschaft – Eine Menschheit: Innere Kraft und Bedeutung islamischer Erneuerung 121

Literatur 123

Zeittafel 125

Vorwort

Über den clownigen Re-Islamisierungsscherzen eines Gaddafi, der neuestens im Namen des Koran das Geld abzuschaffen versucht, oder dem Comeback des Gesichtsschleiers in Gestalt von Decken, dunklen Tüchern oder schwarzen Gesichtsmasken, deren Trägerinnen die arabischen Großstadtstraßen in eine Art permanenten Fasching gestürzt haben, ist die ganze heutige Re-Islamisierung bei uns in Verruf, sind Ansätze zu echter islamischer Erneuerung mit in Mißkredit geraten.

War der gesamte arabische Nationalismus und Sozialismus zwischen 1920 und 1970 durch säkularen Geist, einen gewissen Liberalismus und den Wunsch gekennzeichnet, sich mit der westlichen Kultur zu identifizieren und es ihr gleichzutun, so versucht sich die gegenwärtige islamische Renaissance auf die alte Tradition allein zu stützen.

Doch gibt es neben beiden Richtungen, von denen die erste in Vorderasien und Afrika mehr Unheil angerichtet als Fortschritt gestiftet hat, während sich die Auswirkungen des weltweiten Islamisierungsrummels noch gar nicht absehen lassen, und das nicht nur auf dem Energiesektor, eine kritische dritte Position: Sie will die islamische Tradition ebenso wahren wie sie durch selbständiges Weiterdenken in Frage stellen.

Diese Kräfte bemühen sich im Rahmen einer zusammenwachsenden Welt der Völker, Religionen und Kulturen um Modernisierung und Anpassung, ohne jedoch den ererbten islamischen Kulturboden zu verlassen. Ihre Ansichten finden sich natürlich nicht in den Staatskanzleien Saudiarabiens, Libyens oder des nachrevolutionären Iran. Dort ist die starre Einheit von Religion, Politik, Kultur und selbst Wissenschaft richtungweisend, wobei die Religion in der Theorie und die Staatsräson in der Praxis Richtschnur für alles und jedes sind.

Diese Entwicklung steht in Zusammenhang mit dem Wiederfinden eines einheitlichen Religions- und Geschichtsbildes, das neues Selbstbewußtsein und politische Stabilität in den arabischen und islamischen Ländern hervorrufen soll. Da der Islam alle Lebensbereiche umfassen und den Primat über alle Wissenschaften – nicht nur die Geisteswissenschaften, sondern auch die Technologie – ausüben will, wird jede Kritik des kosmo-theologischen Weltbildes ebenso unterdrückt wie eine objektive Geschichtskritik. Und so huldigt heute die politische, wissenschaftliche und geistliche Führungsschicht, auch jene, die in westlichen Ländern studiert hat, huldigen der Großteil der Studentenschaft und natürlich städtisches Bürgertum samt konservativer Landbevölkerung überall zwischen dem Magreb und Indonesien einer traditionalistisch-rückschrittlichen Re-Islamisierung.

Für den eigentlichen Reform-Islam hingegen ist die Religion des Propheten Muhammad* eine permanente Revolution gegen Geistesstarre und Nichtstun, eine Religion der Vernunft, des Kampfes gegen Diskriminierung und Klassenunterschiede, gegen Diktatur und Korruption: Islam das Lebensmodell einer Gemeinde der Gläubigen als bisher fehlender Ausgleich zwischen Familie und Staat, Individuum und Gesellschaft. Die in Völker und Klassen gespaltene Menschheit im einen Glauben an den einzigen Gott zu vereinen – das ist die wahre Re-Islamisierungsparole, die nicht an die Muslime allein gerichtet ist.

Kairo, am 9. Februar 1979,
dem „Mauwled an-Nabi", dem Geburtsfest
des Propheten Muhammad   Heinz Gstrein

---

* Im Deutschen ist die Schreibweise *Mohammed* gebräuchlich, doch wollen wir im Buch selbst die arabische Schreibweise *Muhammad* verwenden.

I. Aus Rot wird Grün –
Eine aktuelle Bestandsaufnahme
der islamischen Restauration

1. Die saudische Gottesburg – Feisal stoppt den Nasserismus

Als Gamal Abdel Nasser in den fünfziger Jahren seine „Philosophie der Revolution" verfaßte, die eine Generation arabisch-nationaler, „sozialistisch" und vor allem säkular gesinnter Politiker, „Führer" und Diktatoren prägen sollte, war darin von Revolution, Gesellschaft, Israel, Afrika und erst ganz zum Schluß vom Islam die Rede. Nasser beschreibt, wie er gelegentlich einer Kondolenzmission nach Saudiarabien beim Ableben von dessen Staatsgründer König Abdel Aziz „Ibn Saud" in Mekka von der gewaltigen politischen Bedeutung der „Hadsch", der islamischen Pilgerschaft aus aller Welt, überzeugt wurde:

„Unsere Auffassung von der Pilgerschaft muß sich wandeln. Die Kaaba in Mekka aufzusuchen darf weder eine Eintrittskarte ins Paradies noch der Versuch bleiben, Gottes Erbarmen zu sichern.

Die Pilgerschaft kann enorme politische Bedeutung erlangen[...] Wenn ich an die 80 Millionen Muslime in Indonesien, die 50 Millionen von China, einige Millionen aus Malaysia, Thailand und Burma, etwa 100 Millionen in Pakistan, mehr als 100 Millionen des Mittleren Ostens, 40 Millionen aus der Sowjetunion und andere Millionen in fernen Ländern denke, wenn ich mir so Hunderte Millionen Seelen vorstelle, die ein und derselbe Glaube verbindet, dann wächst meine Gewißheit, daß Solidarität und Einheit aller Muslime noch weiter befördert werden können.

Diese Solidarität wird zweifellos zum Fundament des Gigantengebäudes unserer Macht werden[...]"

Doch hier zum Schluß irrte Abdel Nasser bei seinen sonst oft richtigen Einsichten und Schlußfolgerungen: Die Pilgerschaft des Weltislam nach Mekka und Medina ist seitdem nicht zum Fundament der Macht des Nasserismus oder eines sozialistischen Ägyptens, sondern einer von Saudiarabien getragenen weltweiten Re-Islamisierung geworden. Dasselbe gilt für die richtige nasseristische Einschätzung der Bedeutung des Erdöls als Hauptenergiequelle und Wirtschaftswaffe in der zweiten Hälfte unseres 20. Jahrhunderts:

„Nun kommt das dritte Element, das des Erdöls, des Bluts von moderner Zivilisation und Fortschritt. Die großen Industrien und der Weltverkehr zu Land, auf den Meeren und in der Luft, Armeen, Kampfflieger und Kriegsschiffe können ohne Erdöl nicht mehr auskommen."

Irrig war jedoch seine Schlußfolgerung, daß die säkuläre arabische Nationalrevolution, der Panarabismus, und nicht die vorwiegend konservativen Ölstaaten mit ihrem Panislamismus von dieser Erdölwaffe profitieren könnten.

Es war Saudiarabien, an dem sich die nasseristische Expansion die Zähne ausbeißen und gleichzeitig eine 150jährige geistesgeschichtliche wie politische Auseinandersetzung zwischen Ägypten als Wiege des arabischen Liberalismus und der traditionsbewußten Gottesburg puritanischer Muslime zumindest vorläufig im Sinne der letzteren entschieden werden sollte. Schauplatz der Auseinandersetzung: Die Ostküste des Roten Meeres.

Die Geschichte der Energie- und Finanzmacht von heute, deren geistige Bedeutung für den Weltislam ebensowenig unterschätzt werden darf, begann vor 250 Jahren im religiösen Bereich. Ein islamischer Gottsucher namens Muhammad Ben Abd al-Wahhab (1703–1787), der in Medina, Basra, Bagdad und Kurdistan, bei schiitischen Theologen in Persien studiert hatte, in die islamische Mystik des Sufismus eingeweiht worden war und sich schließlich der rigorosen Schule des Hanbalismus zuwandte, wurde in seinem innerarabischen Heimatort Ajaina als Ketzer verdächtigt und ausgetrieben. Er floh mit seiner Familie ins benachbarte Darija, ein Dorf aus 70 Hütten, wo ihn der Scheich Muhammad Saud freundlich auf- und bald auch seine Reformideen annahm.

Saudiarabien war geboren. Aus diesem bescheidenen Anfang erhob es sich dank erneuertem islamischem Sendungsbewußtsein, das sich auf die Postulate der Rückkehr zum „Ur-Islam" und eine kämpferische Haltung gegen islamische „Neuerer" wie Nicht-Muslime stützte. Muhammad Ben Abd al-Wahhab stand dabei geistig auf den Schultern der Theologen und Rechtslehrer Ahmad Ben Muhammad Ben Hanbal (780–855), des Kritikers und Reinigers der islamischen Hadith-Überlieferung von späteren Zusätzen und Entwicklungen, und von Ibn Taimija (1263–1328), dem Eiferer gegen jeden islamischen Heiligen- und Gräberkult. Ihre Lehren eines reinen Monotheismus ohne jede Mittlerschaft von Propheten, Heiligen oder Engeln, genereller Verhängung einer in permanentem „Dschihad" (Heiligem Krieg) zu vollziehenden Todesstrafe über alle Un- und Abergläubigen, Ablehnung jeder über den Koran und die früheste Überlieferung, die Sunna, hinausgehenden religiösen Entwicklung und Verwerfung von Koranexegese zugunsten wörtlicher Auslegung und Befolgung, wurden von Abd al-Wahhab und seinen Anhängern, den Wahhabiten, zu praktischen Lebensregeln gemacht: Verbot von Tabak, Rasieren und Fluchen unter Strafe von bis zu 40 Peitschenhieben; das Glaubensbekenntnis allein macht niemand zum Muslim, sein Leben und seine Werke müssen dem Glauben entsprechen; Rosenkränze zum Betrachten der Namen Allahs und der Bau von Moscheen mit Minaretten und Verzierungen sind untersagt. Von großer Bedeutung für die Herausbildung der wahhabitischen Beter- und Streitergemeinde wurden aber die Verpflichtung zum gemeinsamen, öffentlichen Gebet, dem Salat, sowie Einschränkung des privaten Besitzrechtes zugunsten der Gemeinde und der Bedürftigen. Nicht minder wichtig war es, daß der religiöse Reformer seine Kernschar in Darija im Gebrauch der damals auf der Arabischen Halbinsel noch wenig verbreiteten Feuerwaffen unterwies.

1747 attackierten die Wahhabiten Rijad, die heutige Hauptstadt Saudiarabiens, um deren Gewinnung sie einen 28jährigen Krieg führten. 1766 machten sie erstmals ihren Einfluß in Mekka, der heiligen Stadt des Weltislam, geltend, wo sie Anerkennung als rechtgläubige Reformgruppe der hanbalitischen Richtung erlangten. Diese Verfügung des Scharif, des „Kustoden" von Hedschaz, dem Heiligen Land des Islam, wurde später widerrufen, doch 1785 erneut in Kraft gesetzt.

Dennoch blieben die Wahhabiten, oder – wie sie sich selbst nennen – Unitarier (arab. Muwahhidun), für den Rest der Muslime bis in die neueste Zeit Außenseiter und Sektierer, Ketzer, gegen die von anderen islamischen Mächten regelrechte Kreuzzüge veranstaltet wurden. Das vor allem, als sie mit dem Osmanischen Reich in Konflikt kamen, das vom tolerantesten System des Islam geprägt war, dem Hanafismus. Nachdem die Türken um das Ende des 18. Jahrhunderts von Bagdad aus versucht hatten, den Sektenstaat der Wahhabiten samt seiner „saudischen" Dynastie (auf Muhammad Ben Saud war 1765 Abd al-Aziz, auf diesen 1803 Saud gefolgt, Herrschernamen, die in der saudiarabischen Geschichte bis heute immer wiederkehren) zu bezwingen, nachdem sich die Schiiten nur durch Mordkommandos für die wahhabitischen Massaker in ihren heiligen Städten Karbala und Nadschaf zu rächen versucht hatten (wo aber die Wurzeln für die bis heute anhaltende Feindschaft zwischen Wahhabismus und Schia, zwischen Saudiarabien und Iran zu suchen sind); vollzog Ägyptens erster eigenständiger Herrscher, Muhammad Ali, in drei großen Strafexpeditionen (1811–13, 1816–18, 1836) im Auftrag der Hohen Pforte und mit panislamischem Segen die Niederwerfung des ersten Saudi-Reiches.

Hundert Jahre später kam es zur zweiten großen ägyptisch-wahhabitischen Machtprobe. Ein Zwischenspiel hatte das kleinere zweite Saudireich unter Feisal dargestellt, das 1891 im Schammar-Emirat von Hail aufgegangen war, dessen Raschiden-Dynastie einem gemäßigteren Wahhabismus huldigte. Die Saudi-Familie war damals nach Kuwait geflohen, von wo erst der Gründer ihres bis heute bestehenden „Dritten Reiches", Abdel Aziz Ibn Saud, 1901 nach Rijad zurückkehren konnte. Sein Aufstieg zu einem Staatsmann von Weltgeltung hängt später mit den beiden von Abdel Nasser erwähnten Faktoren, Mekka-Pilgerschaft und Erdöl, zunächst jedoch mit seiner lebenskräftigen, religiös-sozialen Erneuerung des Wahhabismus zusammen.

1912 gründete Ibn Saud die „Ichwan", eine religiöse Bruderschaft, die sich aus Beduinen der verschiedensten Stämme zusammensetzte, welche in den wenigen fruchtbaren Gebieten des Landes angesiedelt wurden. Die Kolonien und Wehrdörfer dieser Ichwan (arab.: Brüder) waren gleichzeitig Garnisonen des saudischen Heeres. Mit Hilfe der Ichwanbewegung gelang es Ibn Saud in wenigen Jahren, mehr als achtzig neue Siedlungen zu schaffen, die bald zu den wichtigsten des innerarabischen Nadschd gehörten und in denen über 100 000 Nomaden zu Akkerbauern wurden, und damit zu einem Faktor staatlicher Stabilität.

Von diesem inneren Fundament aus führte Ibn Saud einen Schlag nach dem anderen zur Ausdehnung seines Gottesreiches: Nachdem er schon 1910 den Türken ihre Golfprovinz Al-Hasa, Saudiarabiens künftige Erdölregion, entrissen hatte, mußten zwischen 1918 und 1922 der Schammar-Staat, 1924–25 der Hedschaz mit Mekka und Medina, 1926 das Emirat Asir nördlich vom Jemen daran glauben.

Als Ibn Saud am 13. Oktober 1924 in Mekka einzog, vermied er die dort 1803 von seinen Ahnen aus wahhabitischem Fanatismus vollzogenen Greueltaten. Weitblickend wie er war, sah er sofort neue, höher gesteckte Pläne. Im Augenblick, als die heilige Stadt des Weltislam widerstandslos ihm ausgeliefert schien, blitzte die Idee eines saudischen Kalifats – im März 1924 war diese geistlich-weltliche Höchstfunktion von der kemalistischen Türkei abgeschafft worden, nachdem sie bis November 1922 der letzte Sultan bekleidet hatte –, das ihn zum Herrn von Millionen Muslimen machen würde, am Firmament seiner Wünsche auf. Entweihten seine Soldaten durch unnützes Blutvergießen den Boden der Heiligen Stadt, auf dem der islamische Gläubige während der Pilgerschaft nicht einmal den Tod eines kleinen Tierchens freiwillig verschuldet, so konnten sich nicht wieder wegzuräumende Hindernisse auf den Weg seiner Pläne stellen. Er befahl daher seiner Kerntruppe, die Waffen niederzulegen. Mit ihnen zog er das Kleid des Pilgers an und betrat waffenlos die Stadt des Propheten. Nicht der König, nicht der Heerführer, der Gläubige hatte sie erobert, Ibn Saud das zweite Fundament saudiarabischer Größe gelegt.

1934 geriet das wahhabitische Gottesreich mit einem kleinen, aber nicht minder theokratischen Nachbarn in Konflikt: mit dem Jemen des Zaiditen-Imams Jahja, der sich schon gegen osmanische Sultan-Kalifen und Jungtürken erfolgreich behauptet hatte. Seine Staatsidee bezog aber auch entscheidend ihre Nahrung aus der Tatsache, daß die Bewohner seines Berglandes der schiitischen Richtung des Zaidismus angehörten, sich also religiös von ihrer Umwelt auf der Arabischen Halbinsel unterschieden. So nahe die jemenitischen Zaiditen den Saudis in Puritanismus, Ablehnung von Heiligenverehrung, Mystik und Derwisch-Mönchtum standen, trat das Sendungsbewußtsein ihres schon in frühislamischer Zeit vom großen Jahja al-Hadi begründeten Imamats wahhabitischem Selbstverständnis und Selbstverwirklichung doch diametral entgegen. Das um so mehr, als sich die modernen Zaiditen keineswegs als schiitische Sekte, sondern gesamtislamische Hauptrichtung neben Hanafismus, Schafiismus, Malikismus und Hanbalismus betrachten.

Dazu war Ende der zwanziger Jahre ein zweiter Gegensatz zwischen Ibn Saud und den Imam Jahja getreten: Während man in Rijad darauf ausging, den Einfluß ,,ungläubiger" europäischer Mächte vom arabischen Territorium zu verbannen, hatte Sanaa durch den 1927 geschlossenen Freundschaftsvertrag mit Italien einer europäischen Großmacht Tür und Tor weit geöffnet.

In den ersten Frühjahrswochen des Jahres 1933 gerieten die saudischen und jemenitischen Truppen aneinander. Nach wechselndem Hin und Her stellte sich jedoch bald die Überlegenheit der vom saudiarabischen Kronprinzen Saud – dem späteren König – geführten wahhabitischen Armee heraus. Im Mai 1933 standen die saudischen Soldaten vor der jemenitischen Hafenstadt Hodeida. Imam Jahja sah sich der Gefahr ausgesetzt, durch Besetzung seiner Küstenprovinz von der Welt abgeschnitten zu werden. Er rief daher eine Vermittlung der ägyptischen Regierung an.

So kam es zur zweiten Machtprobe zwischen Saudis und Ägypten an der Ostküste des Roten Meeres. Kairo schenkte dem Ersuchen aus Jemen um so bereitwilliger Gehör, als man in maßgeblichen islamischen Kreisen den Bruderstreit um Südarabien schon von Beginn an mit höchstem Mißfallen verfolgt hatte. Auch Ibn Saud, der durch starke wirtschaftliche Interessen an das ägyptische Königreich gebunden war – die Kairoer Banque Misr begann damals mit erheblichen Kapitalinvestitionen in Hedschaz –, erklärte sich bereit, den Streit auf dem Verhandlungswege zu beenden. Es kam zu Friedensgesprächen, bei denen sich die staatsmännische Einsicht Ibn Sauds aufs neue offenbarte. Er verzichtete darauf, Jemen, ähnlich wie zuvor Asir, einem Protektoratsverhältnis zu unterwerfen, weil dadurch die innere Stabilität und religiöse Homogenität seines Reiches, bis heute die Grundvoraussetzungen für dessen Bestand und Zusammenhalt, schwer belastet worden wären. Die Zaiditen mit ihrem Fanatismus hätten leicht Sprengstoff im Gefüge der saudischen Gottesburg werden können.

Abdel Nasser fehlte fast drei Jahrzehnte später diese Einsicht, als er nach dem Scheitern seiner „Vereinigten Arabischen Republik" (VAR) mit Syrien und der Durchsetzung von Zwangswirtschaft und religiöser Indifferenz seines „Arabischen Sozialismus" in Ägypten allein ausgerechnet den Jemen zum revolutionären Experimentierfeld seiner panarabisch-laizistischen Ambitionen auserkor. Doch nun liefen die Fronten auf einmal ganz anders als bei den beiden früheren Auseinandersetzungen: Die Anhänger des ermordeten Imams, Saudiarabien und andere konservative Muslimstaaten bildeten einen islamischen Block gegen Ägypten, wie ihn dieses früher gegen Saudiarabien geführt hatte. Auch die wirtschaftlich-finanziellen Überlegenheitsverhältnisse, mit deren Hilfe Kairo 1933/34 noch einmal über Ibn Saud triumphiert hatte, waren nun ins Gegenteil verkehrt: Das reiche Agrarland Ägypten stand infolge wahnwitziger Aufrüstung und nasseristischer Mißwirtschaft vor dem Ruin, während aus dem wahhabitischen Sandkasten in kurzer Zeit der größte Erdölexporteur der Welt geworden war.

So konnte Abdel Nassers jemenitisches Abenteuer auch nur ein böses Ende nehmen: Spätestens ab 1965 und mit Ausschaltung von König Saud durch den fähigeren und charakterstärkeren Feisal begann Ägypten nicht nur in Jemen, sondern allenthalben gegen Saudiarabien den Kürzeren zu ziehen. Die nasseristische Expansion, die alle Throne stürzen und die ägyptische Trikolore mit den Sternen aller arabischen Staaten im Sinne einer von Kairo zentralistisch gelenkten Vereinigten Arabischen Republik füllen wollte, die den Islam zu einem Werkzeug für Nationalismus und Sozialismus zu degradieren versuchte, wurde aufgehalten und abgefangen. Es war nur mehr eine Frage kurzer Zeit, bis Abdel Nasser nach der Katastrophe des Sechstagekrieges am Arabischen Gipfeltreffen in Khartum 1967 vollends in Saudiarabiens finanzielle Abhängigkeit geriet und für die letzten drei Jahre seines Lebens und Wirkens sozusagen zum Altersrentner König Feisals wurde. Nasser baute an seiner Grabmoschee und starb als frommer Muslim am 28. September 1970.

2. Gaddafi, der ungelehrige Nasserschüler –
Libyens Weg vom Ordensstaat zur Islamkommune

Im Jahr vor seinem Tod hatte Gamal Abdel Nasser diese Entwicklung zugunsten Saudiarabiens und der Erneuerung eines traditionsbewußten Islam noch einmal aufzuhalten versucht: Die Militärputsche im Sudan am 25. Mai 1969 und in Libyen am 1. September 1969, die jeweils junge, panarabisch orientierte Offiziere an die Macht brachten, standen in der Interpretation ihrer Führer Dschaafar an-Numeiri bzw. Muamer al-Gaddafi in Kontinuität der ägyptischen Revolution vom 23. Juli 1952. Die sudanesischen und libyschen Militärs artikulierten den Anspruch, die „neue Avantgarde" dieser ägyptisch-arabischen Revolution zu sein. Insofern waren sie von vornherein zu Verbündeten Nassers prädestiniert, wenn man nicht überhaupt annehmen will, daß sein Geheimdienst bei den Umstürzen die Hand ganz kräftig mit im Spiel hatte.

Im selben Jahr beider Militärputsche, 1969, kam es auf dem 5. Arabischen Gipfeltreffen in der marokkanischen Haupt- und Residenzstadt Rabat Ende Dezember zur Blockbildung des Sudan und Libyens mit Ägypten: Unter Ausnützung der totalen Niederlage im Sechstagekrieg wurde auf diesem Treffen Abdel Nassers panarabische Führung heftig angefochten. Und zwar sowohl vom islamisch-konservativen Lager der arabischen Staaten als auch durch den eifrigen linksislamischen Rivalen Hawari Boumedienne von Algerien. Dieser doppelte Angriff auf Nasser hatte unter anderem den Mißerfolg dieser Gipfelkonferenz zur Folge. Der Präsident der VAR traf sich daher gleich anschließend in der libyschen Hauptstadt mit Gaddafi und Numeiri, um mit ihnen den „Mithaq Tarablus", das „Manifest von Tripolis", zu unterschreiben, das eine enge Kooperation zwischen den drei nordafrikanischen Staaten auf allen Gebieten mit dem Fernziel einer „Dreierunion" vorsah. Diese Blockbildung, die für die anderen „progressiven" arabischen Regime offen bleiben sollte, stärkte die infolge der Juni-Niederlage 1967 verletzlich gewordene Stellung Ägyptens zunächst ungemein, sowohl in der innerarabischen als auch in der internationalen Politik.

Die führende Position Ägyptens unter Abdel Nasser in diesem „Block von Tripolis" war anfangs unbestreitbar. Zu seinem militärischen Potential waren der Erdölreichtum Libyens und die agrarischen Reserven des Sudan getreten. Der ägyptische „Rais" schien auf einmal wieder in der Lage zu sein, seinem saudiarabischen Gegenspieler Feisal die Stirn zu bieten, der inzwischen nach dem Tod König Sauds bei Athen auch förmlich dessen Nachfolge angetreten hatte.

Sehr bald begann sich aber die neue Einheit zu desintegrieren. Während 1970 im Sudan Numeiri vom nationalarabischen Weg Nassers zunächst auf kommunistenfreundliche Bahnen abwich, entdeckte Libyens Muamar al-Gaddafi seine islamische Berufung, ein mit dem saudischen Messianismus vergleichbares, aber diesem sonst völlig entgegengesetztes Sendungsbewußtsein, das in der neueren Religionsgeschichte Libyens gründet.

Ist Saudiarabien als staatliche Selbstverwirklichung einer Sekte entstanden, so stand Libyens Wiege in den 100 Derwisch-Klöstern des Sanussi-Ordens. In beiden Fällen ist das islamische Engagement dem späteren Erdölsegen also lange vorausgegangen, obwohl es bei uns allgemein als dessen Folgeerscheinung betrachtet wird. Die Bedeutung des Erdöls für den saudiarabischen und den libyschen Islam liegt aber darin, daß dank Petrol und Petrodollars zwei bisher völlig am Rande oder gar außerhalb der islamischen Orthodoxie im strengen Sinne stehende Bewegungen wie die Wahhabia und die Sanussia plötzlich in den Mittelpunkt der heutigen Re-Islamisierung treten konnten. Damit wäre nur zu vergleichen, wenn dem Führer der erzkonservativen, altritualen Katholiken, dem abgesetzten Erzbischof Lefebvre, in seinem Walliser Seminar plötzlich ein Ölbrunnen zu sprudeln begänne, mit dessen Hilfe er seinen Winkelgemeinden namhafte Theologen einkaufen, theologische Fakultäten finanziell unterwandern und sich schließlich sogar aus Rom bestätigen lassen könnte, daß er, und nur er, schon immer recht gehabt hätte. Das müßte in der katholischen Welt einen Schock auslösen, der dem entspricht, mit dem auch aufgeklärte und fortschrittliche Muslime heute geradezu fassungslos der Führerrolle von Saudis und Libyern im Weltislam gegenüberstehen.

Der Sanussia ist es zudem zum Unterschied vom Wahhabismus nie gelungen, als konsequente Weiterentwicklung einer der vier gleichberechtigten „Madahib", der sunnitischen Hauptströmungen bzw. Rechtsschulen, anerkannt zu werden.

In ihrem Fall vom im gesamten islamischen Nordafrika vorherrschenden Malikismus, der zweitstrengsten Strömung des Sunnitentums überhaupt, die Christen und Juden wegen angeblicher Verfälschung ihrer heiligen Offenbarungsschriften Thora, Psalter und Evangelium die von Muhammad selbst eingeräumten Schutzrechte und Privilegien aberkennen, sie wie die „heidnischen Götzendiener" mit Gewalt zum Islam führen möchte. Die heutige Aggressivität eines Gaddafi gegen Israel im besonderen und das Judentum im allgemeinen, sein Liebeswerben um die Christen, denen er 1976 ein islamisch purgiertes

Evangelium des hl. Barnabas (in Wirklichkeit das Machwerk eines italienischen Renegaten aus dem 15. Jahrhundert) bereitstellte und die Möglichkeit eines geheimen Glaubenswechsels zum Islam eröffnet, damit sie unerkannt für dessen Ziele in ihrer gewohnten Umgebung oder Position weiterwirken können:

Das alles ist typisches Erbe der Malikiten Nordafrikas, der schlimmsten Halter von Christensklaven, und Judenverfolger. Der Islam hat überhaupt kein einheitliches Gesicht der Toleranz oder Unduldsamkeit, sondern darf ebensowenig in einen Topf geworfen werden, wie man Barmherzige Brüder und Wiedertäufer nicht auf ein und denselben Nenner bringen kann. Die Sanussis jedenfalls sind, obwohl in ihnen die malikitische Intoleranz einen neuen Höhepunkt erreichte, schon 1843 durch ein Kairoer Gutachten vom Malikismus klar getrennt und seitdem in der islamischen Konfessionskunde oft sogar als dritte große Hauptkonfession neben Sunniten und Schiiten geführt worden.

Ihr Gründer, der Sidi Muhammad Ben Ali as-Sanussi (1791–1859), stammte aus einem Berberzeltdorf beim algerischen Mostaganem. Weitgereist und vielstudiert, hatte er sich im marokkanischen Fez, in Tunesien, Kario und Mekka seine theologische Bildung geholt. Nachdem er zunächst in Algerien dem großen Orden der Kadiria beigetreten war und in Fez die Derwische von der Tidschania- und Taibia-Bruderschaft kennengelernt hatte, geriet Muhammad as-Sanussi in Mekka unter den Einfluß des mystischen Lehrers und Ordenserneuerers Ahmad Ben Idris al-Fasi, der die Chadiria-Idrisia gegründet und schon zwei Stifter moderner Kommunitäten, der Raschidia und Amirgania, ausgebildet hatte. Sein größter Schüler wurde jedoch der Sanussi, von dem im Todesjahr des Meisters 1837 das erste Kloster, die „Zauwia" von Abu Kubais, errichtet wurde.

Sidi Muhammad sah in seiner „Tariqa", seinem Orden, die Quintessenz der bereits bestehenden vierzig größeren Derwischgemeinschaften. Wie diese legte er bei seinen Novizen zunächst größten Wert auf das betrachtende Gebet, den Zikr, lehrte sie, den Gottesnamen „Ja Latif" (Oh Gütiger!) im Herzen bis zu tausendmal zu wiederholen. Mehr noch als die anderen Derwischorden, für die es zum Unterschied vom buddhistischen und auch christlichen Monastizismus immer nur ein „Kloster auf Zeit" und nie eine dauernde oder prinzipielle Aszese, Enthaltsamkeit und Keuschheit gibt, entwickelte Sanussi den sozialen Charakter seiner Gemeinschaft als Kommunität von sonst in ihren Familien und Berufen lebenden Brüdern. Sein späteres Ordenszentrum Dschaghabub an der ägyptisch-libyschen Grenze besiedelte er mit befreiten Sklaven. Weitere erste Ordensburgen der Sanussia entstanden ebenfalls in der Cyrenaika in Rafaa, Al-Beida und Temessa. Bei Sidi Muhammads Tod betrug ihre Zahl schon 22.

Libyen als religiös-geistige und damit auch politische Einheit ist eine moderne Schöpfung des Sanussi-Ordens. Seit eh und je war die Grenze zwischen Morgen- und Abendland, zwischen Ägypten und den Berberländern an der großen Syrte quer durch das heutige Libyen gelaufen. Auch in der Neuzeit unter türkischer Herrschaft bildete Tripolitanien mit Tunis und Algier eine Einheit, während die Cyrenaika zu Ägypten tendierte bzw. von Kreta aus verwaltet wurde und im Süden die Regentschaft von Mursuk ihr abgeschlossenes Eigenleben führte.

Erst als die drei Gebiete in der zweiten Hälfte des 19. Jahrhunderts als einzige vom türkischen Afrika – nachdem sich die Franzosen 1830 Algerien und 1881 Tunesien, 1882 die Briten Ägypten gesichert hatten – übrigblieben, wurde ihr Zusammenhalt ausgeprägter. Richtige Einheit wurde daraus erst dank der Sanussia, die Cyrenaika, Fessan und Tripolitanien mit ihren Klöstern überzog.

Inzwischen war der Übergang von Türkisch-Afrika an das Königreich Italien nur mehr eine Frage der Zeit. Diese Zeit erfüllte sich im italienisch-türkischen Krieg, den Rom 1911 mit schroffem Ultimatum vom Zaun brach, um einer Intervention der anderen Kolonialmächte vorzubeugen und die Annexion Libyens zu verkünden. Als die Hohe Pforte diese Annexion nicht anerkannte, vielmehr wider Erwarten unter Enver Pascha Widerstand organisierte, der vor allem in der Cyrenaika erfolgreich wurde, versuchte Italien durch Besetzung des Dodekanes und einen Angriff auf die Dardanellen den Sultan zur Anerkennung zu zwingen. Aber erst der Beginn des Balkankrieges, für den der Tripoliskrieg das Fanal zum Ausbruch gewesen war, zwang die Türkei zum Nachgeben. Im Frieden von Lausanne, am 18. Oktober 1912, gewährte Stambul Tripolitanien, der Cyrenaika und Fessan volle Autonomie. Die Hoheitsrechte gingen an die Krone Italiens über, das in den folgenden Jahren mit wechselndem Erfolg das Hinterland militärisch zu sichern suchte.

Dort leistete nämlich während des 1. Weltkriegs der Enkel des großen Sanussi, Sidi Ahmad Scharif (Ordensoberer von 1901–16), tatkräftigen Widerstand, während sein Bruder Sidi Muhammad al-Abid 1916–18 die Franzosen in der Sahara bekämpfte und dabei für den Tod von Charles de Foucauld mitverantwortlich wurde.

Mittlerweile waren die meisten Angehörigen des Hauses Sanussi jedoch aus Derwisch-Superioren zu erblichen Feudalherren geworden, die auch nicht davor zurückscheuten, mit „Feinden des Islam" zusammenzuarbeiten: Sidi Muhammad Idris, bereits 1909 Großgrundbesitzer in Tripolitanien geworden, ließ sich 1916 mit italienischer Hilfe zum „Emir" ausrufen, sein Vetter Sidi Safi ad-Din stellte sich den Italienern 1921 als Präsident des Regionalparlamentes der Cyrenaika zur Verfügung. Dasselbe Spiel wiederholte sich nach der Vertreibung der Italiener durch die Alliierten im 2. Weltkrieg, als diese 1951 Idris as-Sanussi (geb. 1888) an die Spitze des souveränen „Vereinigten Königreichs Libyen" stellten.

Diese erbliche Monarchie entsprach nun keineswegs den Grundsätzen des alten Ordensstaates. Ebensowenig ihre feudal-reaktionäre Einstellung, die das Parlament des Landes im Wesen eine Vertretung der Stämme und Familien bleiben ließ, obwohl politische Parteien nicht eigentlich verboten waren. Sehr scharf wurde nur reagiert, als die großarabisch und sozialistisch orientierte syrische Baath-Partei in Libyen Fuß zu fassen versuchte. Junge Libyer, die beim Verteilen von Flugzetteln ertappt wurden, hat man wegen Geheimbündelei zu

Strafen von sechs bis 32 Monaten verurteilt. Das Delikt lag, wie das „Giornale di Tripoli" im August 1961 schrieb, in der Betätigung für eine aus dem Auslande importierte „zersetzende" Partei.

Demgegenüber stellen Revolution und Reform Muamer al-Gaddafis eine Rückkehr zu den egalitären Idealen und Strukturen der ursprünglichen Bruderschaft dar, mag er auch die Sanussi-„Dynastie" gestürzt und den Orden säkularisiert haben. An die Stelle einer islamischen Kommunität ist die libysche Islam-Kommune der „Dschamhuria", der Volksgemeinschaft, getreten, während den Platz der alten Ordensregel Gaddafis ideologische Programmschrift „Al-Kitab al-achdar" (Das Grüne Buch) einzunehmen beginnt.

Libyens Führer schreibt selbst über dieses Buch in seiner Einleitung:

„Das hauptsächliche politische Problem, dem sich die menschlichen Gemeinschaften gegenübersehen, ist das Regierungsinstrument.

Sogar der Konflikt innerhalb der Familie ist oft das Ergebnis dieses Problems.

Seit der Entstehung der modernen Gesellschaft hat sich dieses Problem verschärft.

Heutzutage stehen die Menschen diesem Problem ständig gegenüber, und ihre Gemeinschaften leiden an den verschiedenen Risiken und schwerwiegenden Folgeerscheinungen, die es mit sich bringt. Es ist ihnen nicht gelungen, es endgültig und auf demokratische Weise zu lösen. Dieses Grüne Buch stellt die endgültige theoretische Lösung des Problems des Regierungsinstruments dar."

Anschließend geht Gaddafi mit der herkömmlichen Demokratie westlicher Prägung, aber auch mit dem innerislamischen Sektierertum scharf ins Gericht:

„Alle politischen Systeme in der heutigen Welt sind das Ergebnis des Machtkampfes zwischen Herrschaftsinstrumenten. Der Kampf kann friedlich oder gewaltsam sein sowie der Konflikt der Klassen, Sekten, Stämme, Parteien oder Individuen. Das Ergebnis ist immer der Sieg eines Herrschaftsinstruments

– sei es ein Individuum, eine Gruppe, eine Partei oder eine Klasse – und die Niederlage des Volkes, d.h. die Niederlage der wahren Demokratie."

Konkret sieht diese Kritik aus islamischer Sicht folgendermaßen aus:

„Ein politischer Kampf, dessen Ergebnis der Sieg eines Kandidaten mit 51% Stimmenanteil ist, führt zu einem als Demokratie bemäntelten diktatorischen Regierungsapparat, da 49% der Wählerschaft von einem Herrschaftsinstrument regiert werden, für das sie nicht gestimmt haben, sondern das ihnen auferlegt worden ist. Das ist Diktatur!"

Aus der Sicht einer möglichst direkten Demokratie, wie sie die frühe, überschaubare islamische Gemeinschaft und später wieder die Sanussia-Brüder auszeichnete, wird das westliche Repräsentationssystem unter die Lupe genommen:

„Die Parlamente sind das Rückgrat der traditionellen Demokratie, wie sie heute besteht. Ein Parlament ist eine Mißrepräsentation des Volkes, und parlamentarische Regierungen sind eine irreführende Lösung des Demokratieproblems. Ursprünglich wurden Parlamente eingerichtet, um das Volk zu repräsentieren, aber dies ist in sich selbst undemokratisch, da Demokratie die Macht des Volkes bedeutet und nicht eine Macht, die an ihrer Statt handelt. Die bloße Existenz eines Parlaments bedeutet die Abwesenheit des Volkes, aber wahre Demokratie entsteht nur bei Beteiligung des Volkes, nicht mit Aktivität seiner Repräsentanten."

Als nächstes wird von Gaddafi mit der Parteiendemokratie abgerechnet, in der er konfessionalistische Relikte sehen will:

„Die Partei ist die zeitgenössische Diktatur. Sie ist das moderne diktatorische Regierungsinstrument. Die Partei ist die Herrschaft eines Teiles über das Ganze. [...] Die Partei ist keineswegs ein demokratisches Instrument, da sie sich nur aus Menschen mit gemeinsamen Interessen, gemeinsamen Ansichten oder einer gemeinsamen Kultur zusammensetzt, oder aus Menschen, die zur gleichen Örtlichkeit gehören oder die denselben Glauben haben. Sie bilden eine Partei zur Erreichung ihrer Ziele, zwingen ihre Ansicht der ganzen Gesellschaft auf oder dehnen ihre Glaubenshaltung auf sie aus. Das Ziel einer Partei ist die Machtergreifung unter dem Vorwand, ihre Programme auszuführen[...], die Herrschaft der Parteimitglieder über den Rest der Einzelmitglieder des Volkes.

Die Partei ist nur ein Teil des Volkes, aber die Macht des Volkes ist unteilbar[...] Das Parteiensystem ist das moderne Stammes- und Sektensystem[...] Die negative und zerstörerische Auswirkung der Stammes- und Sektenkämpfe auf die Gesellschaft ist identisch mit der negativen und zerstörerischen Auswirkung der Parteienkämpfe."

In ähnlicher Weise werden im Namen einer „unmittelbaren islamischen Volksdemokratie" auch Klassen, Volksentscheide und Volksbefragungen als Regierungsinstrumente abgelehnt. Dem stellt Gaddafi seinen „einzigen Weg" gegenüber, wie er in Libyen auch seit Anfang 1977 in der Praxis beschritten wird:

„Volkskongresse sind das einzige Mittel, um Volksdemokratie zu erreichen. Jedes andere Regierungssystem außer den Volkskongressen ist undemokratisch. Alle heute in der Welt vorherrschenden Systeme sind undemokratisch, es sei denn, sie nähmen diese Methoden an. Volkskongresse sind das Ende der Massenbewegung auf ihrer Suche nach Demokratie. Volkskongresse und Volkskomitees sind die endgültige Frucht des Kampfes der Völker um Demokratie."

Dieses sein Patentrezept will der Säkularisator der Sanussia nicht auf Libyen allein beschränkt wissen:

„Da es nicht zwei intelligente Leute geben wird, welche die Tatsache bestreiten, daß die direkte Demokratie das Ideal ist – daß jedoch die bisherigen Methoden nicht angewendet werden konnten. Und da uns diese ‚Dritte Universaltheorie' mit einem realistischen Experiment in direkter Demokratie versieht, ist das Demokratieproblem in der Welt endlich gelöst."

Das sind Ideen, wie sie inzwischen ebenso in der „Islamischen Republik Iran", wenn auch dort auf dem Boden schiitischer Weltanschauung, zum Tragen kommen und selbst für die konservative islamische Gottesburg Saudiarabien eine wachsende Herausforderung bilden. Der Unterschied zwischen diesen beiden Hauptströmungen der gegenwärtigen Re-Islamisierung liegt nur in ihren Regierungsinstrumenten, nicht in der vom Rechts- wie Linksislam absolut gesetzten religiösen Grundhaltung. So bekennt sich auch Gaddafi am Abschluß des Kapitels „Die Macht des Volkes" zum koranischen Recht, der „Scharia", als einziger Rechtsquelle:

„Das ursprüngliche Gesetz einer jeden Gesellschaft beruht auf Tradition und auf Religion. Jeder andere Versuch, irgendeiner Gesellschaft außerhalb dieser beiden Quellen Gesetze zu geben, ist unrechtmäßig und unlogisch. Verfassungen sind nicht das Gesetz der Gesellschaft. Eine Verfassung ist ein von Menschen gemachtes Grundgesetz. Dieses grundlegende, vom Menschen gemachte Gesetz muß aber zu seiner Rechtfertigung eine Rechtsquelle haben."

Gaddafis Anerkennung einer außerkoranischen Tradition als islamischer Rechtsquelle schlägt die Brücke vom malikitischen Nordafrika zum fernöstlichen Islam Malaysias, Indonesiens und der südlichen Philippinen, wo neben der strikten Scharia noch das traditionelle Adat-Recht Gültigkeit besitzt. Heute nimmt gerade in diesem Raum der Einfluß Libyens und seiner islamischen Universaltheorie zu, von der es im „Grünen Buch" abschließend heißt:

„Die Religion umschließt die Tradition, die ein Ausdruck des natürlichen Lebens der Völker ist. Auf diese Weise ist die die Tradition umfassende Religion eine Bekräftigung des Naturgesetzes. Nichtreligiöse, nichttraditionelle Gesetze werden zum Gebrauch von einem Menschen gegen einen anderen Menschen erfunden. Deshalb sind sie unrechtmäßig und nicht auf den natürlichen Quellen der Tradition und der Religion aufgebaut."

3. Ein alter Muslimbruder an der Macht –
Das widersprüchliche Phänomen Anwar as-Sadat

Mit Gamal Abdel Nassers plötzlichem Tod am 28. September 1970 ging eine wichtige Phase in der modernen arabischen und islamischen Geschichte zu Ende. Zwischen 1952 und 1970 hatte der „Rais" (arab. Präsident) das politische Geschehen in Ägypten, Nordafrika und dem Mittleren Osten maßgeblich in nationalistisch-revolutionärem, aufgeklärtem, überkonfessionellem bis offen areligiösem Sinne beeinflußt. Dieser Säkularisierungsversuch Abdel Nassers hat aber im Endeffekt ebensowenig Früchte gezeigt wie seine sozialen Reformversuche auf innenpolitischer Ebene von der ägyptischen Bodenreform bis zur Industrialisierungspolitik und sein außenpolitischer Antizionismus und Antiimperialismus. Seine Selbstbehauptung bis zum Ende hatte in erster Linie darauf beruht, daß Armee, Polizeiapparat und Staatsbürokratie, die Stützen des seit 1952 etablierten Militärregimes, nicht homogen waren und die charismatische Persönlichkeit Nassers als Koordinator und Schiedsrichter brauchten.

Der in Kairo unmittelbar nach seinem Tod erwartete Machtkampf unter den Epigonen fand zunächst nicht statt. Man einigte sich im neunköpfigen Zentralkomitee der nasseristischen Einheitspartei „Arabische Sozialistische Union" (ASU) auf einen – vermeintlichen – Scheinpräsidenten, den letzten Nasser-Stellvertreter Anwar as-Sadat. Seine Nominierung ließ erkennen, daß man es mit einer kollektiven Führung versuchen wollte, in die sich – zunächst viel einflußreicher als Sadat – Luftmarschall Ali Sabri, Kriegsminister Muhammad Fauzi, Innenminister Schaarauwi Gomaa und ASU-Generalsekretär Mohsen Abul-Nur teilten, Männer, die noch säkularer dachten und handelten als je Abdel Nasser selbst.

Ihnen gegenüber ist Sadat von seiner Wahl im Oktober 1970 an durch Libyen und aus dem Hintergrund auch bereits von Saudiarabien gestützt und regelrecht aufgebaut worden. Bei seiner Vergangenheit kein Wunder.

War der junge Sadat doch Anhänger der berühmt-berüchtigten Muslim-Bruderschaft (ehe er sich den „Freien Offizieren" Naguibs und Nassers anschloß), eines 1929 von Hassan al-Banna (1906–49) gegründeten Geheimbundes (Dschamia al-achwan al-muslimin), der die Parolen „Zurück zum Islam" (und nicht etwa „Reform des Islam" wie bis zum 1. Weltkrieg die ägyptischen „Modernisten") und „Heiliger Krieg gegen die ungläubigen Kolonialisten" mit tagtäglichen Terrorakten unter Beweis zu stellen suchte. Geistesgeschichtlich standen die Muslimbrüder im ägyptischen Westen der islamischen Welt in einer Linie mit einem anderen Bund, der Darul-Islam-(Haus des Islam-)Bewegung der indonesischen Muslime. Beide sind aus lokalen, dogmatisch-religiös verwurzelten Anfängen entstanden, dann aber in die Rolle von dynamischen, kampfentschlossenen Trägern der politischen Willensbildung ihrer Länder hineingewachsen und schließlich zur offenen Auflehnung gegen den „weltlichen" Staat übergegangen.

Im Jahre 1926 hatten sich im damals noch niederländischen Indonesien konservative Muslime zu einer Gelehrtengruppe (nahdatul-ulama) vereint, um weltliche, politische Richtungen einzudämmen. Drei Jahre später begann in Ismailia am Suezkanal ein ägyptischer Lehrer, Hassan al-Banna, Gruppen von Arbeitern, Bauern und Kleinbürgern um sich zu scharen, um sie mit seinen auf dem Koran beruhenden religiösen und sozialen Reformplänen vertraut zu machen.

Erst 1945 haben die beiden Bünde in die Geschicke ihrer Länder maßgeblich eingegriffen. In Indonesien, wohin nach der japanischen Besitznahme die Holländer zurückzukehren versuchten, und in Ägypten, wo eben die Arabische Liga gegründet worden war, schlug der Nationalismus hohe Wogen. In Indonesien war neben der Nahdatul-ulama als ihre politisch-paramilitärische Kampftruppe die Bewegung des „Darul-Islam" entstanden. Hinter Hassan al-Banna wiederum standen zwei Millionen ihm blind ergebene Muslimbrüder. Auf verschiedenen Wegen verfolgten beide Bünde das gleiche politische Ziel: Überwindung eines verwestlichten Staatsgefüges und die Errichtung einer islamischen Ordnung.

In Indonesien stieß diese Zielsetzung auf die von Sukarno gleichfalls im Jahre 1945 verkündete weltliche, an Christentum und Hinduismus mitgeschulte Staatsphilosophie des „Pantjasila" (Fünf Grundsätze: Glauben an die Allmacht Gottes, Humanität, Nationalbewußtsein, Demokratie und soziale Gerechtigkeit), welche 1959 in der Verfassungsreform der „gelenkten Demokratie" weiter verwirklicht wurde. Die Darul-Islam-Bewegung stand seit 1945 – zuerst gegen die Holländer und seit 1949 gegen die nationalen Regierungen – in schärfster Opposition. Idealismus mit Terror paarend, hatte sie einen latenten Bürgerkrieg ausgelöst, bis sie nach Sukarnos Sturz im Zuge der weltweiten Re-Islamisierung auch in Indonesien endlich großen Einfluß erlangte, den z. B. inzwischen der Ökumenische Rat der Kirchen zu spüren bekam, als ihm seine für Djakarta geplante Konferenz ausgeladen wurde.

In Ägypten und den angrenzenden arabischen Ländern hat die Muslim-Bruderschaft in den ersten Jahren nach dem Ende des 2. Weltkriegs ein weitgehendes Mitspracherecht usurpiert. Nach dem Versagen der arabischen Einheitsfront im Palästinakrieg 1948 wurde die Bruderschaft in Kairo von der Regierung Nokraschi aufgelöst. Wenige Tage später fiel Nokraschi Pascha einem Mordanschlag zum Opfer – kurz darauf wurde Hassan al-Banna auf offener Straße ermordet – zwei Jahre später starb König Abdallah von Jordanien in Jerusalem an einem Attentat.

Gleichwohl war die Bruderschaft in Ägypten 1951 wieder zugelassen worden; sie hat das 1952 entstandene Militärregime zunächst unterstützt. Der Kontaktmann zwischen Muslimbrüdern und „Freien Offizieren" hieß Anwar as-Sadat. Im Januar 1954 traf die Bruderschaft jedoch der Bannstrahl des neuen säkularen Staates: Der Bund wurde aufgelöst, seine Führer verhaftet, das Vermögen unter Sequester gestellt. Ein im Oktober des gleichen Jahres gegen Gamal Abdel Nasser versuchter Mordanschlag rief Kairos islamische Amtstheologen von der Al-Azhar-Universität auf den Plan. Die Muslimbrüder wurden in Acht und Bann getan, weil ihre Lehre den Koran verletzt habe. Ende 1954 mußten sechs führende Männer der Bruderschaft in Kairo das Schafott besteigen. Sie alle bekannten sich als Märtyrer des Islam. Sadat hingegen fand sich bereit, das ideologische Vakuum, das nach Liquidierung der Muslimbruderschaft auftrat, für die „Freien Offiziere" zu füllen. Er übernahm die Leitung des „Islamischen Kongresses" und wurde dafür verantwortlich, daß das nasseristische Regime sich eine islamische Legitimationsideologie zurechtschneidern und die Religion des Propheten Muhammad als dienstbaren Geist sowohl auf innergesellschaftlicher Ebene als auch bei den Beziehungen Ägyptens zu anderen islamischen Ländern dienen konnte. Später wurde Sadat auf die Seite geschoben, jedoch wieder in den Vordergrund geholt, als Abdel Nasser nach 1967 auf die Zuwendungen der islamisch eingestellten Ölstaaten Saudiarabien, Kuwait und Libyen angewiesen war. Und vor Abreise zum Weihnachtsgipfel von 1969 in Rabat ernannte ihn Nasser zu seinem einzigen Vizepräsidenten.

Als frischgebackener Staatschef hielt sich Anwar as-Sadat im Winter 1970/71 zunächst vor jeder Machtprobe mit den anderen Diadochen zurück. Er konzentrierte sich auf die Herstellung eines engen Einvernehmens mit dem jungen und so islamisch gesinnten libyschen Führer Gaddafi sowie mit dem November 1970 in Damaskus an die Macht gelangten Luftmarschall Hafes al-Assad, einem Repräsentanten islamisch-restaurativer Kräfte, deren Durchbruch im ganzen Nahen Osten auch vor der arabischen Linkspartei par excellence, dem syrischen Baath, nicht haltgemacht hatte.

Gerade für die Syrer war der alte Muslimbruder Sadat eine zunächst sympathische und vertrauenerweckende Erscheinung. Der syrische Zweig der Muslim-Bruderschaft, die von 1946 bis zur VAR-Gründung von 1958 in Damaskus eine erstrangige religiös-politische Kraft war, hatte sich von den durch die „Achwan" in Ägypten verübten Gewaltakten ferngehalten, hingegen unter dem aus Homs stammenden Mustafa as-Sibai eine moderne Konzeption der islamischen Soziallehre aufgestellt:

1. Bekenntnis zum Recht auf Leben, Gesundheit und Krankenfürsorge
2. Zum Recht auf Freiheit in all ihren Formen, vor allem aber auf politische Freiheit
3. Zum Recht auf Wissen, das sich auf die gesamte theoretische und praktische Bildung erstreckt
4. Zum Recht auf Würde in all ihren Aspekten
5. Zum Recht auf Besitz, das aber nicht unumschränkt ist
6. Die Arbeit ist der wichtigste Weg zur Erlangung von Besitz. Alle Arbeit führt zu Besitz. Dieser ist legal, wenn es sich um keine unehrliche oder ungerechte Arbeit handelt

7. Das Recht auf Privatbesitz ist unantastbar. Der Staat hat diesen zu schützen und jene zu bestrafen, die es bedrohen
8. Jeder Besitz hat eine soziale Funktion. Der Staat muß seine Verwendung zu ausbeuterischen Zwecken und im Dienst sozialer Unterdrückung verhindern
9. Vermögen legt soziale Verpflichtungen auf: Freiwillige Wohlfahrtsleistungen, regelmäßige Zuwendungen an Bedürftige, Unterstützung caritativer Werke
10. Das Erbrecht ist legitim und verdient staatlichen Schutz
11. Mit dem Schutz der Legalität des Privateigentums ermöglicht der islamische Sozialismus einen konstruktiven Wettbewerb, der eine wesentliche Voraussetzung für jede kulturelle und wirtschaftliche Entwicklung ist
12. Diese Art von Sozialismus ermutigt und fördert Zusammenarbeit und Freundschaft, sie führt nicht zum Klassenkampf
13. Es handelt sich um einen ethischen Sozialismus, dessen Ideologie sich auf moralische Grundsätze stützt
14. Dieser Sozialismus wird allen menschlichen Belangen und Bedürfnissen gerecht: den religiösen, geistigen, moralischen – und nicht nur den materiellen Lebensaspekten
15. Er ist ein integrierender Bestandteil des islamischen Glaubensbekenntnisses, dessen Anwendung sich kein Muslim entziehen kann. Daher ist der islamische Sozialismus eine viel raschere und effektivere Methode zur Reform unserer Gesellschaft als irgendein anderes sozialistisches System

Der Anschluß Syriens an Äsypten hatte im März 1958 der Betätigung der Muslim-Bruderschaft auch in Damaskus ein Ende gesetzt. Jordanien und Libanon waren sohin vorübergehend die letzten Zufluchtsstätten dieses einst so mächtigen Bundes von fanatischen Apologeten des Islam geworden. In einer 1960 in Beirut erschienenen Broschüre erhob der Verfasser, Abu Aima, ein engerer Schüler von Hassan al-Banna, den schweren Vorwurf gegen die ägyptischen und syrischen Nasseristen, daß sie bewußt eine Politik der Entislamisierung verfolgten.

An der Abschüttelung der ägyptischen Hegemonie über Syrien im Oktober 1961 dürften die Mitglieder der Muslim-Bruderschaft maßgebenden Anteil genommen haben, wie die Tatsache beweist, daß von den 172 Deputierten der im Dezember 1961 gewählten Verfassunggebenden Versammlung elf sich offen als „Achwan muslimun" deklarierten. Schon vorher hatte die neue Regierung den höchsten islamischen Geistlichen des Landes, den Mufti von Damaskus, rehabilitiert. Dieser geistliche Würdenträger war von Abdel Nasser in Acht und Bann getan worden, weil er sich geweigert hatte, in einer „Fatwa", einem Glaubensgutachten, zu erklären, daß die im Juli 1961 in der VAR entfesselte Sozialisierungs- und Enteignungswelle mit der islamischen Doktrin vereinbar sei.

Für die nach Jahren linksradikaler Baath-Herrschaft zehn Jahre später in Syrien hochgekommene Assad-Gruppe war Anwar as-Sadat mit seinem islamischen Background also ein höchst willkommener Ersatzmann des Abdel Nasser. Religiös gesehen, kamen der neue syrische Präsident und seine engsten Mitarbeiter in Armee, Parteiapparat und Regierung aus einer rund 250 000 Gläubige starken schiitischen Sekte in Nordwestsyrien, den Alauwiten oder Nusairis. Diese hatten wegen ihrer Sonderstellung im sonstigen religiösen Mosaik des Landes unter französischer Mandatsherrschaft zwischen den beiden Weltkriegen sogar ab September 1920 einen eigenen Staat gebildet. Die Nusairis kamen aus dem schiitischen Südirak, wo sich gegen Ende unseres 9. Jahrhunderts in Basra der Notabel Ibn Nusair zum „Bab" (arab. Tür, Tor), d. h. Verkünder einer besonderen Offenbarung, erklärt hatte. Die Sekte fand schon frühzeitig in den syrischen Küstenbergen Zuflucht, wo sie sich mit all ihren Eigenheiten (Weihnachts-, Dreikönigs- und St.-Barbara-Fest samt eucharistie-ähnlichen Liturgiefeiern) herausbildete, aufrechterhielt und neuestens seit der Staatswerdung des modernen Syrien 1943 zu wachsendem politischem Einfluß gelangte, der in Hafes as-Assad seinen Höhepunkt erreichte. Alt-Muslimbruder Anwar as-Sadat, Sanussia-Umwerter Muamer al-Gaddafi und dieser Alauwit Assad trafen sich am 17. April 1971 im libyschen Bengasi, wo sie ein Abkommen über den Zusammenschluß ihrer drei Staaten zu einer arabischen Föderation auf islamischer Rechtsbasis unterzeichneten.

Gaddafi und Assad waren Herren im eigenen Haus, Sadat hingegen hatte ohne vorherige Absprache mit den eigentlichen Kairoer Machthabern gehandelt. Bei seiner Rückkehr wurde das Projekt der „Föderation Arabischer Republiken" im ASU-Zentralkomitee 6:2 niedergestimmt; Anwar as-Sadat wollte man ultimativ die Respektierung dieses ihn desavouierenden Beschlusses abfordern.

Was zwischen dem 1. und 18. Mai 1971 in der ägyptischen Hauptstadt folgte, war Sadats Machtergreifung als eigentlicher und fortan einziger Nasser-Epigone mit Hilfe von General Sadek und dem im Polizeiapparat fest verankerten Gouverneur von Alexandria, Mamduh Salem. Diese sogenannte „Berichtigungsrevolution vom Mai 1971" (gemeint als Kursberichtigung der nasseristischen Julirevolution 1952) wird seitdem in den sadatistischen Selbstdarstellungen als demokratisch-liberaler Aufbruch (was teilweise zutrifft) verherrlicht, von ägyptischen und arabischen Linkskreisen als „Faschistenputsch" mit CIA- und Israel-Hilfe bezeichnet. Kaum aufgezeigt wurden bisher die islamischen Zusammenhänge der „ägyptischen Wende", die seitdem das Gesicht des Nahen Ostens bis hin zur Friedenspolitik zwischen Kairo und Jerusalem verwandelt hat.

Dabei hat Sadat von Anfang an aus seinem Hauptanliegen Re-Islamisierung kein Hehl gemacht. In seiner ersten Rede als Alleinherrscher verkündete er schon am 20. Mai 1971:

„Wir wissen, daß die Völker heute im Namen der Wissenschaft zu einem rohen Materialismus verleitet werden, wobei alle Werte verlorengehen. Wir können nicht ohne Werte und ohne Moral leben, da diese in unserer Religion verankert sind."

In derselben Rede plädierte Sadat dafür, daß das neue Ägypten ein „Staat des Glaubens und der Wissenschaft", ganz im Sinne der islamischen Universitas litterarum auf koranischer Basis, werde. In der neuen Verfassung der in „Arabische Republik Ägypten" umbenannten VAR vom 11. September 1971 wurde dann schwarz auf weiß zum Unterschied von der alten, provisorischen, doch erklärt laizistischen Nasser-Konstitution festgelegt:

„Artikel 2: Der Islam ist die Staatsreligion. [...] Das islamische Recht (die Scharia) ist Hauptquelle von Gesetzgebung und Rechtsprechung."

„Artikel 9: Die Familie ist das Fundament der Gesellschaft; Religion, Moral und Patriotismus sind ihre Leitlinien."

„Artikel 12: Die Gesellschaft hat sich nach ethischen Grundsätzen zu verhalten und die echt ägyptischen Traditionen zu bewahren. Religiöse Erziehung, moralische und nationale Werte müssen ebenso hochgehalten werden wie Wissenschaftlichkeit, soziales Verhalten und öffentliches Verantwortungsbewußtsein."

„Artikel 19: Der Religionsunterricht ist ein Hauptgegenstand in allen Schultypen."

Von gleicher Re-Islamisierungs-Gesinnung war die am 20. August 1971 in Damaskus verkündete Bundesverfassung Ägyptens, Libyens und Syriens getragen, deren Artikel 6 lautete:

„Die Föderation bekräftigt die religiösen Werte und erklärt das islamische Recht zur Hauptquelle ihrer Legislation."

Sadat begann Ägypten unter der neuen Verfassung nach seinem mit vielen Koranzitaten durchsetzten „Programm der nationalen Aktion" vom 23. Juli 1971 zu regieren, das zu einem neuen Typ des Staatsbürgers und Menschen führen wollte: zum islamischen Ideal des „Al-Insan al-kamel", des voll entfalteten Menschseins in allen seinen Aspekten.

Die inzwischen von allen marxistischen, aber auch christlich-sozialen Elementen (so dem Koptenführer und Ideologen Kamal Ramzi Stino) gesäuberte ASU-Einheitspartei wurde auf dem außerordentlichen Kairoer Parteitag zur 20-Jahr-Feier der ägyptischen Revolution von 1952 vom 24.–26. Juli 1972 auf einen islamischen Kurs festgelegt. Die Gleichschaltung der christlichen Minderheiten Ägyptens (in erster Linie Kopten, orthodoxe Christen syrischer Herkunft und Armenier, etwa 15–20 Prozent der Gesamtbevölkerung – die Schätzungen gehen stark auseinander) mit der muslimischen Mehrheit wurde in einer „Gesetzgebung zur nationalen Einheit" im August 1972 vollzogen.

In allen Lebensbereichen Ägyptens hatte eine islamische Indoktrination begonnen. Die literarische Produktion der Professoren von der islamischen Al-Azhar-Universität überschwemmte den Kairoer Büchermarkt. Auch die Armee arbeitete mit der islamischen Geistlichkeit zusammen, lud religiöse Autoritäten an die Front am Suezkanal und am Roten Meer ein, um die Offiziere islamisch zu schulen.

Sadats alte Freunde aus der Muslim-Bruderschaft wurden aus Gefängnissen und Lagern in Freiheit gesetzt. Manche starben bald darauf an den jahrelangen Strapazen, der Präsident fand sich persönlich zu ihrer Beisetzung ein. Davon ermutigt und bereits zum Teil im Sold des inzwischen schon einem viel radikaleren Islam huldigenden Libyen veranstalteten Muslim-Extremisten im Herbst 1972 eine Reihe von Anschlägen auf koptische Kirchen und Bibel-Zentren in Kairo, Alexandria und dem Nildelta. Die oberägyptischen Kopten, die zwischen Assiut und Sogar fast 80 Prozent der regionalen Bevölkerung stellen, riefen nach dem Schutz eines Autonomiestatus, Sadat sah sich mit der Gefahr eines islamisch-christlichen Bürgerkrieges konfrontiert und schritt daher zu einer Neuinterpretation von Re-Islamisierung und Nationaler Einheit im Sinne von brüderlicher Zusammenarbeit und gegenseitiger Achtung zwischen den großen monotheistischen Religionen. Ein tolerant-hanafitischer Grundsatz, während die Masse der ägyptischen Muslime im Delta dem System Schafis und am oberen Nil dem harten Malikismus folgt. Sadat selbst ist seitdem trotz seiner hundertprozentig islamischen Grundhaltung und seiner Herkunft aus dem kämpferischen Lager der Muslimbrüder zu Toleranz und Brüderlichkeit gereift, stellt damit eine der erfreulichsten Erscheinungen an der ganzen Re-Islamisierungs-Front dar.

Dieser Kurs wurde noch einmal 1977 schwer belastet, als erste Konsequenzen aus dem schon 1971 zur Rechtsquelle erhobenen koranischen Schariatsrecht spürbar wurden: Für Glaubensabfall vom Islam tauchte wieder die Todesstrafe auf, dasselbe für christlich-missionarische Aktivitäten unter Muslimen, koptische Christen, denen ihre Kirche eine Scheidung verweigerte, konnten sich auf einmal islamisch mit bis zu vier

Frauen trauen lassen usw. Kopten-Patriarch Schenuda III. trat auf den Plan und rief seine mehrere Millionen starke Gemeinschaft im September 1977 zu einem Protestfasten auf.

Sadat unterstrich erneut, daß wenigstens „seine" Re-Islamisierung nicht antichristlich, sondern auf Hebung der allen Hochreligionen gemeinsamen Werte angelegt sei. Am 11. Oktober 1977 wurde der Frieden zwischen Präsident und Patriarch bei Gelegenheit der Grundsteinlegung für ein neues kirchliches Spital wiederhergestellt und von beiden Seiten in feierlichen Programmreden bekräftigt. Sadat erklärte wörtlich:

„Wir sind ein Land der Liebe, Brüderlichkeit und Toleranz. [...] Hier haben Muslime und Christen Blütezeiten hervorgebracht, die auf den Grundlagen sozialer Gleichberechtigung, von Brüderlichkeit, Liebe und Einheit beruhten. Evangelium und Koran haben die Botschaft der Liebe gemeinsam, sind ihrerseits mit den anderen Offenbarungsreligionen durch edle und hehre Zielsetzungen verbunden."

Der Schluß war ein Hinweis darauf, daß dieses „sadatistische Re-Islamisierungsprogramm" von islamischer Erneuerung und religiöser Verbrüderung auch dem Judentum offenstehe. Wenige Wochen später fuhr Anwar as-Sadat als Staatsmann, doch ebensosehr als Pilger und Herold eines religiösen Dialogs ins israelische Jerusalem. Das darauf eingeleitete nahöstliche Friedenswerk will er mit einem gemeinsamen Heiligtum von Juden, Christen und Muslimen auf dem Sinai gekrönt wissen.

4. Moscheen statt Kulturhäuser – Die Re-Islamisierung im Magreb

In *Algerien* gab es – anders als etwa in Ägypten vom frühen 19. Jahrhundert bis zu Abdel Nasser – keine ausgeprägt säkulare Tradition. Hier war das nationale Erwachen von Anfang an (zumindest äußerlich) eine religiöse Erneuerung, die von Männern wie dem Imam Abd al-Hamid Ben Badis ausgegangen war. In der Zwischenkriegszeit bereitete dann im gesamten französischen Nordafrika, also auch in den Protektoraten Tunesien und Marokko, die Weltwirtschaftskrise mit dem von ihr bedingten Zusammenbruch der magrebinischen Agrarexporte den Boden vor, in den eine dünne Schicht von Muslimen ihre Saat warf, aus der Haß gegen Frankreich, Kampf gegen wirtschaftliche Ausbeutung und politische Bevormundung keimen sollten.

Politisch war die einheimische Bevölkerung damals praktisch rechtlos. Die islamische Majorität Algeriens hatte nicht die französische Staatsbürgerschaft, weil deren Bedingungen mit dem islamischen Glauben, seinen Vorschriften und Gesetzen unvereinbar schienen. Die algerischen Massen konnten also weder wählen, noch waren ihre eigentlichen Vertreter wählbar. Es bestand keinerlei Möglichkeit, auf legale Weise zu manifestieren und Wünsche, die durch die Wirtschaftsnot ausgelöst waren und von denen die arabische Freiheitsbewegung außerhalb des Magreb bestimmt wurde, zum Ausdruck zu bringen. Verzweiflungsausbrüche und politische Kundgebungen richteten sich naturgemäß zunächst gegen jene algerische Schicht, die für das Geschehen im Land verantwortlich zeichnete; gegen alle diejenigen, die das französische Bürgerrecht besaßen: die französischen Siedler, die seit 1865/1870 naturalisierten Juden und gegen jene Araber und Berber, die ihren islamischen Glauben aufgegeben hatten, um ihn gegen das französische Bürgerrecht einzutauschen. Es brachen örtliche Unruhen aus, denen man kaum Beachtung schenkte und die mit wirtschaftlicher Not bemäntelt wurden.

Erst das „Blutbad von Constantine" im August 1935 stand zum ersten Mal als Zeichen für Auseinandersetzungen, die mit wirtschaftlichen Problemen allein nicht mehr zu erklären waren, sondern einen politischen Hintergrund hatten. Der alte Gegensatz „gläubig" und „ungläubig" klaffte wieder. So erhielten die Ereignisse, die in wirtschaftlicher Notlage und sozialen Mißverhältnissen zu wurzeln schienen, plötzlich nationalen und vor allem religiösen Charakter. Sie fanden damit Einordnung in jenen Großkampf, der alle paar Jahrhunderte zwischen „abendländisch-christlichen" und „morgenländisch-islamischen" Kräften ausgefochten wird.

Die in Nordafrika gegebene Frontstellung „gläubig" gegen „ungläubig" brachte es mit sich, daß jeder Ausbruch öffentlichen Unwillens, auch wenn er gar keine religiösen Hintergründe hatte, islamisch zum Ausdruck gebracht wurde. Der soziale und nationale Kampf bekam von Anfang an eine religiös-islamische Verbrämung. Es zeigte sich wiederum, wie weit das islamische Moment nach allen Richtungen hin in die Lebensbereiche des Alltags hineindrang, wie sehr die Begriffe national und religiös in der islamischen Welt miteinander verquickt waren und sich deckten. Der arme arabische und kabylische Landarbeiter, der kein Mehl für sein Brot kaufen konnte, sondern von einer Handvoll trockener, vielleicht gestohlener Oliven lebte, hatte keine Möglichkeit, seine Unzufriedenheit anders zu demonstrieren als im Rahmen seiner islamischen Überzeugung. Weil er Muslim war – war er politisch rechtlos; weil er Muslim war – durfte er nicht auswandern, durfte er nicht einmal seinen Heimatbezirk verlassen, um anderswo sein Glück zu versuchen. Er blieb an Not, Rechtlosigkeit und Unglück gekettet – weil er gläubig war. Aus solcher Gegebenheit, aus solchem Gequältsein heraus wird es verständlich, daß die Bewegung und ihre Wortführer Gewalt gewannen über die islamischen Massen Algeriens, Tunesiens und Marokkos.

Die magrebinische Freiheitsbewegung stellte eine heftige Reaktion auf Europa und sein Christentum dar. Ihr Programm zeigte sich in der Gegnerschaft zum europäischen Imperialismus, in Aktionen gegen die christliche Mission und ihre Schulen, in Solidarität aller Muslime und der Forderung nach einem Leben „aus dem Koran". Ein solches Programm mußte zu seiner Verwirklichung gerade in Nordafrika günstigen Boden finden. Hier war seit jeher ein äußerst strenger und orthodoxer Islam beheimatet, begründet von Malik Ben Anas (c. 710–795) und als „Malikismus" zu einer der vier großen sunnitischen Schulrichtungen geworden. Sie ist etwas vom Unbeugsamsten, das die islamische Religion kennt. In Tunesien liegt weiter die uralte Wallfahrtsstätte von Kairuan, wo der islamische Eroberer Nordafrikas, Sidi Okba, beigesetzt ist. Sieben Wallfahrten nach Kairuan gelten, der Vorstellung der Magrebiner entsprechend, als Ersatz für die große Pilgerschaft nach Mekka. Die islamische Sekte der Mozabiten wiederum, die im südlichen Oasengebiet des damaligen französischen Nordafrikabesitzes beheimatet ist, war noch starrer ausgerichtet als die Malikiten. Hier herrschte auf allen Lebensgebieten strengstes Leben nach dem Koran, auch dann, wenn die islamischen Satzungen mit den sogenannten zivilisatorischen Forderungen einer modernen Zeit in schärfsten Widerspruch traten. An den Worten des Heiligen Buches durfte nicht gerüttelt werden, auch nicht um den Preis erheblicher Unannehmlichkeiten, die man eher auf sich nahm, als daß man die puritanischen Forderungen der Sekte verletzte, die fanatischer ist als die Wahhabiten. Auf den Boden solcher religiöser Unerbittlichkeit und christenfeindlicher Haltung fielen nun in den dreißiger Jahren die ersten Parolen des Widerstandes.

Nicht weniger groß als in Algerien und Tunesien war der islamische Glaubenseifer Marokkos, wo man sich weithin in der Rolle des äußersten Vorpostens gegen das abendländische Christentum fühlte, das den islamischen Besitz in Spanien zurückerobert hatte. Hier in Marokko war die Gefahr religiöser Ausbrüche von Anfang an so stark, daß Frankreich im Anschluß an seine Besitznahme von 1912, geschult durch die algerischen (seit 1830) und tunesischen (seit 1881) Erfahrungen, die europäischen Lebensgebiete vollkommenen von denen der Marokkaner trennte: Man fand in jeder Stadt den europäischen und den islamischen Bezirk, europäischen und einheimischen Siedlungsraum. Die islamische Hochschule von Fez, die Karuin, stand weiter in stillschweigender, aber ständiger und engster Verbindung mit dem Al-Azhar in Kairo. Von dort empfing sie die großen religiösen und gleichzeitig politischen Parolen, um sie an das Volk weiterzugeben. In Fez war man damals, sehr zum Unterschied von der islamischen Professorengeneration nach der Unabhängigkeit von 1956, trotz aller Aufgeschlossenheit erklärt anti-okzidental eingestellt und von dem Wunsch beseelt, die Größe islamischer Vergangenheit wiederherzustellen.

So kam es, da die wirtschaftliche Not allen unter den Sohlen zu brennen begann, zu einer in der Stille der Moscheen gepflegten und von Mund zu Mund weitergegebenen anti-abendländischen Propaganda, die bald ihre Früchte zeigen sollte: Eine Welle von Aufruhr und Zusammenstößen flutete über die drei Magreb-Länder, anti-europäisch und antifranzösisch, aus religiösem Fanatismus und aus Armut gespeist.

In Algerien wurde zunächst ein islamischer Arzt, Dr. Ben Dschellul, lautester Rufer und Verkünder dieses neuen Programms. Er war zur Jahrhundertwende geboren, hatte auf der Universität in Algier studiert, sich mit einem Regierungsstipendium durch die Semester gehungert, um dann in Constantine seine Praxis zu eröffnen. Er ging nicht, wie die meisten seiner eingeborenen Kollegen, darauf aus, der verarmten Bevölkerung Geld herauszuziehen und sich im übrigen als Vorkämpfer der von Frankreich geschaffenen Ordnung zu gebärden. Nein: Ben Dschellul begann, seine ärztliche Praxis als Mission der Hilfeleistung aufzufassen. Er erlangte bald eine unvergleichliche Popularität in den Muslimkreisen von Constantine. Er spürte, daß Hilfe für sein Volk auf breitester Basis nur organisiert und lebendig werden konnte, wenn die algerischen Muslime Rechte besaßen, zu ihrer Führung Männer bekufen konnten, die nicht französisch dachten, sondern algerisch-islamisch. Aus solchen Überlegungen heraus wurde der Arzt Ben Dschellul zum Politiker.

Constantine, wo er seine Praxis ausübte, war ein günstiger Boden für solches Beginnen. Es war die bedeutendste Muslim- und Araberstadt, die das koloniale Algerien aufwies, und Ben Dschelluls Worte wurde gehört. Hier gründete er im Jahre 1933 die „Fédération des élus musulmans", keine Partei im herkömmlichen Sinne, sondern eine Organisation, in der alle algerischen Muslime zusammengefaßt werden sollten, die politische Rechte besaßen.

Ein Jahr später stellten sich Dschellul und seine Freunde zum ersten Mal im Wahlkampf. Der Ausgang dieses Kampfes überraschte nicht nur die Gegner des Arztes aus Constantine, sondern vor allem ihn selbst: Er und seine Mitarbeiter errangen in den Wahlkämpfen des Jahres 1934 Zug um Zug fast alle Mandate, die das Landesstatut Algeriens den Muslimen in

Stadträten, Departementsräten und im Landesfinanzrat einräumte.

Das Resultat der Wahlen, die Erfolge des gestern noch unbekannten Ben Dschellul und die Unzufriedenheit, die zum ersten Mal politischen Ausdruck erhielt, der nun mit Polizeiaktionen allein nicht mehr beizukommen war, veranlaßten den damaligen französischen Innenminister Régnier, im März 1935 nach Algerien zu reisen, um an Ort und Stelle die Ursachen für die algerischen Unruhen zu ergründen. Dieser Ministerbesuch wurde für Ben Dschellul zum Triumph. Er trug Régnier das politische Programm der algerischen Muslimbevölkerung, der Araber und Berber, vor. Er forderte unter Hinweis auf die längst erfolgte Naturalisierung der algerischen Juden die Gewährung der französischen Staatsbürgerschaft an die Muslime.

Die Massennaturalisierung der algerischen Juden war mit der Begründung erfolgt, daß sie sich assimiliert hätten und der französischen Sprache mächtig seien. Ihre Religion stehe in keinem Widerspruch zur französischen Zivilisation und enthalte kein Gebot, das im Gegensatz zu den Gesetzen des französischen Staates stehe. Im Vergleich zu den Juden war die Lage der Araber und Berber natürlich viel ungünstiger. Sie standen meist auf niedriger Zivilisationsstufe, die meisten konnten nicht einmal die eigene arabische Sprache lesen und schreiben, und nur eine verschwindende Minderheit beherrschte das Französische. Der klassische französische Kolonialismus stand daher auf dem Standpunkt, daß die Preisgabe des islamischen Personalstatus Voraussetzung für die Verleihung des Bürgerrechts sei. Von dieser Möglichkeit einer „Naturalisierung durch Sonderakt" hatten aber nur wenige Algerier Gebrauch gemacht und es vorgezogen, Glauben und Sitten ihrer Väter zu wahren.

Angesichts solcher Auffassung mußte die Forderung Ben Dschelluls, den algerischen Muslimen als solchen die Staatsbürgerschaft zu gewähren, erschrecken. Ihre Erfüllung schien unübersehbare Folgen zu haben. Den Muslimen war im Landesstatut die Garantie gegeben, daß an ihrem Personalstatus, der sich aus dem Koran herleitet, nichts geändert werden sollte, obwohl er in vielem mit dem französischen Zivilrecht nicht im Einklang stand. Bei Verleihung des Staatsbürgerrechtes an die Muslime Algeriens mußte also ihr Personalstatus mit dem französischen „Statut personel" in schweren Konflikt geraten. Denn auch das Leben der Muslime wird über den Bezirk des Religiösen hinaus weitgehend durch die Vorschriften des Koran bestimmt. Das gesamte islamische Erbrecht leitet sich daraus ab. Es kennt keine Testierfreiheit und zieht den Kreis der gesetzlichen Erben sehr weit, steht damit der abendländischen Auffassung vom Erbrecht diametral gegenüber. Das Eherecht mit allen seinen Auswirkungen, seiner Möglichkeit zur Polygamie und viele andere Bestimmungen, die tief ins Gefüge des Alltags hineinreichen – all das war in unüberbrückbarem Gegensatz zu dem, was französisches Recht von französischen Staatsbürgern verlangte. Kein Wunder also, daß selbst extreme Linkspolitiker vor den Forderungen und Programmpunkten, die Ben Dschellul in den Gesprächen mit dem Innenminister im Jahre 1935 entwickelte, erschraken und die Konsequenz einer Erfüllung als unübersehbar beurteilten.

Die Festigkeit, mit der Ben Dschellul – der übrigens noch keineswegs die Loslösung Algeriens aus dem französischen Staatsverband wünschte – diese für die Franzosen ungeheuerlich erscheinende Forderung vertrat, ist nur erklärbar aus der schon damals veränderten Gesamtsituation der islamischen Welt. Hier hatte sich auf Grund der im Nahen Osten und in Ägypten gegen die abendländischen Kräfte errungenen politischen Fortschritte ein ungeheures Selbstbewußtsein gegenüber europäischen Menschen, Mächten und Zivilisationen bemerkbar gemacht. Inspiriert von diesem Selbstbewußtsein, ließ sich Ben Dschellul in seinen Verhandlungen mit Régnier nicht die kleinste Konzession abhandeln.

Aber erst am 15. Oktober 1936 brachte die Volksfrontregierung unter Führung von Léon Blum einen Gesetzentwurf ein, wonach zwanzigtausend Personen der sogenannten „algerischen Elite", Offizieren, Unteroffizieren, Beamten, Inhabern der Ehrenlegion, der militärischen Medaillen oder des Kriegskreuzes, en bloc das französische Bürgerrecht zu gewähren sei.

Zwanzigtausend islamische Araber und Berber wurden französische Staatsbürger. Ihr Personalstatus wurde durch diese „Auszeichnung" nicht berührt, französischen Staatsbürgern wurde erstmals gestattet, in Vielehe zu leben.

In diesem Gesetz manifestierte sich die in französischen Linkskreisen vielfach vertretene These von der algerischen Assimilierung. Die Algerier sollten an den Standard des Muttervolkes herangeführt, assimiliert werden und dann in die gleichen und gemeinsamen Rechte hineinwachsen. Ob eine solche Assimilierung möglich war, erschien schon vor dem 2. Weltkrieg fraglich. Dennoch wurde dann noch der algerische Freiheitskampf im November 1954 zunächst nicht so sehr im Namen politischer Unabhängigkeit, sondern um Inhalt und Grenzen dieser „personalité algérienne" vom Zaun gebrochen. Und noch die französische Verfassungsreform von 1958, welche den Staatsaufbau des Mutterlandes erneuerte und die „Communauté" der zwölf Republiken des Schwarzen Afrika schuf, berücksichtigte Algerien nur im Sinne einer größeren Anerkennung des islamischen Personalstatus. Bis dahin waren die damals zehn Millionen Bewohner des Landes in der französischen Kammer durch 30 Abgeordnete vertreten gewesen; die beiden Wählerkollegien (eine Million Franzosen und neun Millionen Muslime vertretend) hatten je 15 Deputierte gewählt. Nach der Verfassungsreform entsandten die Europäer 21 und die Muslime 46 Abgeordnete in das Palais Bourbon nach Paris. Auch im Senat erhielt Algerien 22 muslimische und 12 europäische Mandate.

Die Initiative dazu war inzwischen aber längst in andere Hände übergegangen. Nachdem die französische Assimilierungspolitik in Algerien aus verschiedenen Gründen, unter anderem am Widerstand der privilegierten „Colons", gescheitert war, hatten sich die jungen Mitglieder der 1948 noch ganz legal als wahlwerbende Liste aufgetretenen MTLD (Mouvement pour le Triomphe des Libertés Démocratiques) unter Führung von Ahmad Ben Bella zum bewaffneten Kampf entschlossen. Sie gründeten die „Organisation Speciale" (OS), den Kern der algerischen Befreiungsarmee. Bereits 1951 wurde Ben Bella verhaftet, konnte jedoch im nächsten Jahr aus dem Gefängnis entkommen und nach Kairo fliehen. Dort entstand als Keimzelle der späteren Befreiungsfront FLN das „Comité Révolutionnaire d'Unité et d'Action" (CRUA). Der bewaffnete Arm der FLN, die „Armée de Libération Nationale" (ALN) kämpfte zunächst mit 3000 Mann im Aurès-Gebirge und in der Kabylei, weitete ihr Kampfgebiet aber zunehmend aus. Hinter diesem Kampf standen bis dahin vom Islam geprägte Persönlichkeiten, in deren Vorstellungen nationale Befreiung und religiöse Re-Islamisierung Hand in Hand gehen sollten. Die berühmte Flugzeugentführung von 1956 durch die französische Luftwaffe, die zur Festnahme Ben Bellas und der profiliertesten Mitbegründer der FLN führte, ermöglichte es aber bürgerlich-säkularen Kräften um Ferhat Abbas, den Auslandsapparat der FLN zu übernehmen, der sich zusehends gegenüber der ALN verselbständigte, in der weiter eine islamisch geprägte und orientierte Persönlichkeit führend blieb: Hawauri Boumedienne.

In den folgenden Jahren bis zur Unabhängigkeit erhielt die algerische Revolution anstelle bzw. neben Muhammad einen neuen Propheten und Ideologen: Frantz Fanon. Er hat bereits 1959 in „Aspekte der algerischen Revolution", vor allem aber im 1962 erschienenen Hauptwerk „Die Verdammten dieser Erde", die islamische Negation von Abendland und Kolonialismus als „Gesetz der Trägheit" herabgesetzt:

„Es kommt zu keiner Offensive, zu keiner Neubestimmung der Verhältnisse. Es kommt nur zu einer krampfhaften Anklammerung an einen Kern, der immer dürftiger, immer träger, immer leerer wird."

Gleichzeitig unterstrich Fanon die weltweite und nicht nur arabisch-nationale Sendung des algerischen Freiheitskampfes. Wichtiges Indiz in dieser Richtung war für ihn die Neutralisierung der französischen Sprache, des ursprünglichen Herrschaftsinstruments des französischen Kolonialismus. Da die revolutionären Ereignisse von der „Stimme des freien Algerien" auf französisch mitgeteilt wurden, die Sprache der Okkupanten zum Kommunikationsmittel der Revolution wurde, entfiel der Widerstand gegen sie als Sprache des Kolonisators.

In gesuchtem Gegensatz zur algerischen Revolution islamischer Prägung trat Fanon mit der zentralen Rolle, die von ihm der Emanzipierung der Muslimfrauen zugedacht wurde:

„Die entschleierte Frau, die einen wichtigen Platz in der revolutionären Aktion einnimmt, entwickelt ihre Persönlichkeit, entdeckt ihre Verantwortung. Die Freiheit des algerischen Volkes wird gleichbedeutend mit Befreiung der Frau, mit ihrem Eintritt in die Geschichte."

Vor Fanon waren hingegen nur die französischen Kolonialherren in Gegensatz zu den Muslimen um Emanzipation bemüht. Kolonial-Sozialwissenschaftler hatten behauptet, daß sich hinter dem „offenkundigen Patriarchat" in der islamisch-algerischen Gesellschaft ein „untergründiges Matriarchat" verberge. Dieser Konzeption zufolge würde die Europäisierung der algerischen Frau, ihre Entschleierung, eine wesentliche kulturelle Widerstandsform liquidieren. Und daher hatte die französische Kolonialverwaltung eine organisierte Kampagne zur „Emanzipierung" der algerischen Frau gestartet.

Fanons überschwengliche Verkündigung „Die algerische Revolution ist auch dies: eine neue Lebensform, die eine neue Menschheit erfindet und vorbereitet" prägte dennoch, zumindest vorübergehend, die letzten Revolutions- und ersten Unabhängigkeitsjahre, Männer wie Harbi und Zahouane und den ganzen marxistischen Flügel der FLN, zu dem aus Opportunismus auch die Mitglieder der aufgelösten KP Algeriens stießen. Als diese säkularen Marxisten ab 1964, teilweise noch unter Ben Bella, ihrer Machtpositionen beraubt wurden, begann sich gleichzeitig erste Kritik am „Theoretiker der algerischen Revolution" zu regen. Er wurde in den wiedererstarkenden islamischen Kreisen als „ungläubiger Ausländer" abgelehnt. Während die Marxisten nach Boumediennes Machtergreifung im Juni 1965 in die Gefängnisse wanderten, nahm die Bekämpfung des Fanonschen Erbes eindeutig islamische Formen an. Der ehemalige Azhar-Theologe Boumedienne verkündete persönlich zum heißen Eisen der Frauenbefreiung:

„Unsere Gesellschaft ist eine islamische und sozialistische. Die Sittlichkeit muß respektiert werden. Eine Emanzipation im

Sinne von Imitierung der europäischen Frauen ist unmoralisch!"

Der islamische Apologet Malek Bennabi wurde während der dreizehnjährigen Herrschaft Boumediennes (1965–78) zum neuen Staatsideologen gemacht, zu einem Ersatz für den „fremden Atheisten" Fanon aufgebaut. Auch über Boumediennes Tod hinaus wird das Regime in Algier von Anhängern eines spezifischen algerischen Sozialismus islamischer Prägung getragen.

Tunesien hat in den letzten hundert Jahren seinen eigenen Weg von islamischer Erneuerung zu einer hier am stärksten ausgeprägten Säkularisierung zurückgelegt, die aber jetzt ebenfalls in ein „Zurück zum Islam" einmündet. In Tunis war noch vor Errichtung des französischen Protektorates zwischen 1857 und 1877 der General Khereddine als Minister, Großwesir und islamischer Reformideologe am Werk gewesen. Seine 1867 erschienene Schrift „Akwam al-massalik li maarifati achwal al-mamalik" (Der beste Weg, um die Situation der Nationen kennenzulernen) verlangt den Muslimen Bereitschaft ab, mit der Zeit zu gehen, ihr koranisches Weltbild mit Hilfe der modernen Wissenschaft zu vertiefen und auszuweiten. Khereddine verkündete weder ein Zurück ins islamische Mittelalter noch die islamische Revolution, sondern „Tattauwur", Evolution und Aggiornamento des Islam, ging mit der ungebildeten und fanatischen islamischen Geistlichkeit streng ins Gericht.

Waren es dann unter französischer Herrschaft zunächst die Vertreter gehobener Schichten, die vor dem 1. Weltkrieg die Wiederherstellung der 1857 von Muhammad Bey unter Mitarbeit Khereddines erlassenen liberalen Verfassung forderten und in diesem Bestreben die „Destur-Partei" (Verfassungspartei) gründeten, so entwickelte sich ab 1924 die „Neo-Destur" zielstrebig zu einer sozialistischen Volkspartei ohne religiöse Bindung, zum Teil sogar mit ausgesprochen antiklerikaler Stoßrichtung. Unter Führung von Freiheitsheros Habib al-Bourguiba begann sie nach Unabhängigkeit und Abdankung des Bey 1956/57 in der neuen „Republik Tunesien" eine sozialistische Wirtschafts- und Gesellschaftsordnung aufzubauen, den Islam aus seiner beherrschenden Rolle im Alltags- und Arbeitsleben hinter die Moschee-Tore und in die Derwischklöster religiöser Konventikel zurückzudrängen: Bourguiba gab selbst öffentlich das Beispiel zum Bruch mit dem Ramadan-Fasten; die aus freien Wahlen hervorgegangene Konstituante stellte in dreijähriger Arbeit eine Verfassung fertig, die am 1. Juni 1959 verkündet wurde. Die 117 Artikel verkörperten ein im Sinne westlicher Demokratien aufgebautes Gesetzeswerk, das vor allem den individuellen Grundrechten voll Rechnung trug; ein ebenfalls 1959 verkündetes Gesetz hat das islamische Erbrecht in vielen Punkten abgeändert und modernisiert; bei den Parlamentswahlen im selben Jahr durften auch die „atheistischen" Kommunisten eigene Kandidaten aufstellen.

Dieser Kurs wurde zu Beginn der sechziger Jahre noch ausgeprägter, als Bourguiba den Technokratenflügel seiner Partei, der aus der Staatsverwaltung hervorgegangen war und von Ahmad Ben Salah angeführt wurde, anstelle der Exponenten von Bauerntum und Stadtbürgertum stärker heranzog. In wirtschaftlicher Hinsicht bedeutete das den Aufbau eines Genossenschaftswesens im Handels- und Agrarsektor. Der Zehnjahresplan, der 1961 verkündet worden war, konnte allerdings nicht zu Ende gebracht werden. Bereits im Herbst 1969 wurde der säkulare Allround-Minister Ben Salah (Finanzen, Wirtschaft, Planung, Industrie, Handel und Erziehung) entmachtet und in einem Schauprozeß zu zehn Jahren Gefängnis mit Zwangsarbeit verurteilt. Später glückte ihm die Flucht ins Ausland, von wo Ben Salah heute die tunesische Linksopposition gegen das wieder sehr konservativ-islamisch gewordene Regime Bourguiba anführt.

Mit öffentlicher Diskreditierung des Salah-Kurses mußte sich Bourguiba wieder zu Bauern und Kleinbürgern hinwenden, bei denen aber inzwischen starke Zeichen der allgemeinen Re-Islamisierung zu bemerken waren. Gleichzeitig manifestierte sich die islamische Ausstrahlung Libyens in Tunesien immer kräftiger, so daß dem großen tunesischen Säkularapostel schließlich nichts übriggeblieben ist, als auf seine alten Tage plötzlich den frommen Muslim zu verkörpern.

5. Religion über Ideologie – Islamische Wende im Irak

Die britischen Erdölinteressen zwischen Basra, Kirkuk und Mossul haben 1920 auf der Konferenz von San Remo das zunächst recht künstliche Staatsgebilde des modernen Irak geschaffen, des national wie religiös am stärksten differenzierten arabischen Landes. Abgesehen von seiner völkischen Aufgliederung in Araber, Kurden, Turkomanen und Ostsyrer oder „Assyrer" aramäischer Abstammung, zerfielen die arabischen Iraker ihrerseits in Sunniten und Schiiten, gab es bei den Kurden außer Islam und Christentum noch die alten Religionen von Jazidi und Ahl-i haq sowie die neue Bahai-Weltreligion. Die Aramäer verteilten sich auf assyrische, chaldäische und syrisch-orthodoxe Kirche, während die ihnen sprachverwandten Subba im Südirak der gnostischen Geheimreligion des Mandäismus huldigten. Dazu kamen Juden, Armenier und kleinere Sekten in großer Mannigfaltigkeit. Auf Grund dieser besonderen Verhältnisse war die große islamische Erneuerungswelle des späten 19. Jahrhunderts am Irak fast spurlos vorübergegangen. Reformbestrebungen vollzogen sich auf überkonfessioneller Basis mit dem Ziel objektiver Wissenschaftlichkeit und Fortschrittsgläubigkeit: So das Wirken des „An-Nadi al-watani alilmi" (Nationaler Wissenschaftlicher Klub) von Bagdad oder der „Al-Dschamia al-islahia" (Reform-Gesellschaft) in Basra.

Unter britischer Herrschaft manifestierte sich Widerstand gegen die Mandatsmacht fast ausschließlich als säkularer arabischer, kurdischer und selbst „assyrischer" Nationalismus. Religiöse Formen nahm nur die Opposition der südirakischen Schiiten gegen den ihnen von den Engländern aufgedrängten sunnitischen König Feisal I. an, der noch dazu aus der mekkanischen Scharifen-Dynastie stammte. Infolge dieser leidenschaftlichen Spaltung im irakischen Islam konnte es zu keiner Frontbildung gegen die anderen „Ungläubigen" kommen, wie sie sich in Ägypten gegen die koptischen Christen und vor allem bei den algerischen Muslimen gegen Europäer und Juden eingestellt hatte.

Kein Wunder, daß die irakische Revolution Abdel Karim Kassems vom 14. Juli 1958 völlig säkularen Charakter trug, sich wie keine andere im arabisch-islamischen Raum der Zusammenarbeit mit Marxisten und Kommunisten geöffnet hat. Letztere waren vorwiegend ihrem Glauben entfremdete Vertreter der christlichen Minderheiten, sie stellten 1958 bis 1960 die Minister für Landwirtschaft, Agrarreform, Volksbildung, Industrie und Propaganda sowie die Leitung des Bundes der zur Durchführung der Bodenreform geschaffenen 3577 Bauernvereinigungen.

Kassems eigene Doktrin war nicht kommunistisch, sondern ausgesprochen pluralistisch. Den damaligen irakischen Standpunkt der Distanz zum radikalen arabischen Nationalismus wie Islamismus verkündete 1960 Abdel Rahman al-Bassas in „Al-Dauwla al-muwahhida wa al-dauwla al-ittihadia" (Der Zentralstaat und der Bundesstaat):

„Unser nationales Territorium ist ein weit ausgedehntes Gebiet mit verschiedenen Regionen, politischen Systemen und sozialen Verhältnissen. All das führt zu der Schlußfolgerung, daß eine Föderation die beste Organisationsform für unser Volk ist, das bei allen Unterschieden doch nach wie vor eine einzige Nation darstellt. Daneben gibt es noch andere Faktoren, wie zum Beispiel die Existenz völkischer und religiöser Minderheiten, die nicht überbewertet, doch ebensowenig ignoriert werden dürfen. Auch hier ist eine föderalistische Ordnung im gegenwärtigen Augenblick das einzig Gegebene."

Es war dann weiter nur folgerichtig, daß sich gerade der Irak zur zweiten und eigentlichen Heimat des religiös indifferenten Baath-Sozialismus aus Syrien entwickelt, Partei- und Systemgründer Michel Aflak nach seiner Vertreibung aus Damaskus in Bagdad aufgenommen hat. Nach einer vorübergehenden baathistischen Machtergreifung vom Februar 1963, die Kassem das Leben kostete, und dem diktatorischen Zwischenspiel der beiden Brüder Aref ist die Baath-Partei im Irak nun durchgehend seit ihrer Revolution vom 17.–30. Juli 1968 am Ruder.

Und das zunächst in einer ausgesprochen linkslastigen, zum Sowjetkommunismus neigenden Weise. Der im Januar 1974 verabschiedete „Politische Report: Revolutionärer Irak 1968 bis 1973" erwähnte mit keinem Wort die Religion im allgemeinen oder den Islam im besonderen. Im Gegenteil wurde im Abschnitt „Sozialer und kultureller Wandel" eine noch revolutionärere Entwicklung gefordert:

„Die Wichtigkeit des dialektischen Verhältnisses zwischen sozialem und kulturellem Wandel auf der einen und sozialistisch-demokratischen Veränderungen auf der anderen Seite kann nicht genug unterstrichen werden. Beide müssen Hand in Hand gehen.

In der letzten Phase ist der soziale und kulturelle Wandel hinter der sozialistischen Demokratiereform an Umfang und Geschwindigkeit zurückgeblieben. Mehr revolutionärer Einsatz ist erforderlich, um beide auf gleich zu bringen."

Erst die seit 1975 beginnende Entfremdung zwischen Bagdad und Moskau, die von paralleler Aussöhnung mit Iran und Saudiarabien begleitet wurde, führte auch im Irak zu einer behutsamen islamischen Wende. Ihre Grundsätze wurden aber erst im Sommer 1978 publik gemacht, nachdem es im Februar/März zu offenem Konflikt zwischen der Baath-Führung auf der einen, irakischen Kommunisten und Sowjets auf der anderen Seite um kommunistische Zellen in der irakischen Armee gekommen war.

Die in Bagdad auf arabisch im Juni und dann auch englisch im August 1978 veröffentlichte religionspolitische Weichenstellung des irakischen Vizepräsidenten und „starken Mannes" Saddam Hussein war schon am 11. August 1977 vor Spitzenfunktionären vertraulich abgegeben, aber vorerst geheimgehalten worden. Inzwischen liegt sie auch in Buchform unter dem Titel „Nazra fi'l din wa al-turath" (Ein Blick auf Religion und Tradition) vor. Saddam Hussein versucht darin einen Mittelweg zwischen der Religionsfeindlichkeit der arabischen Marxisten und Kommunisten sowie der rückschrittlichen Grundhaltung der neuen, vorwiegend äußerlichen Re-Islamisierungswelle einzuschlagen, womit er an beste islamische Reformideen anknüpft. Einleitend stellt Saddam Hussein sogleich fest:

„Unsere Ideologie ist nicht in ihrer Gesamtheit im Erbe der Vergangenheit und in der Religion implizit enthalten, sondern stellt eine Weiterentwicklung dar. [...] Da aber Tradition und Religion zwei wichtige und vitale Komponenten unserer Lebensrealität bilden, wird ihr Einfluß auf unsere Ideologie gewiß und wesentlich berücksichtigt werden müssen."

Nachdem Saddam Hussein in einem Eskurs den Rahmen seiner Betrachtung über den strikt islamischen Bereich auf vor- und außerislamische Religiosität ausgeweitet hat, kommt er zur entscheidenden, für den irakischen Baath völlig neuen Aussage:

„Ich möchte wiederum unterstreichen, vom Standpunkt unserer Partei her und als meine vollherzige Überzeugung, daß unsere Partei sich zwischen Atheismus und religiöser Gläubigkeit nicht neutral verhält. Sie steht für immer auf der Seite des Glaubens, ohne deshalb theokratisch zu sein oder werden zu müssen."

Der Ablehnung des kämpferischen Atheismus folgt ebenso klare Kritik am Mißbrauch der Religion für eine reaktionäre Politik:

„Obskurantismus, Wankelmut und Labilität sind nicht unsere Mittel, um die Bevölkerungsmehrheit zu gewinnen. Wir wollen unser Volk nicht mit religiösem Mißbrauch kurzfristig über vorübergehende Schwierigkeiten hinwegtrösten. [...] Sollen wir die religiöse Sache den Händen von Reaktionären und Parteifeinden als Waffe entwinden, indem wir unsere Parteigenossen selbst zu Gebet und Gottesdienst führen, oder müssen wir nicht richtiger einen zentralen und korrekten Standpunkt zur religiösen Frage einnehmen, der allen ihren theoretischen wie praktischen Aspekten gerecht wird und die Freiheit aller Menschen, ob Mitglieder der Partei oder nicht, wahrt, nach ihrer besonderen religiösen Fasson selig zu werden? [...] Andererseits weisen wir Religionsfeindlichkeit im atheistischen Sinne zurück. Der Unglauben ist heute auf allen Gebieten eine schwindende Größe."

Die von Saddam Hussein zum Abschluß gegebene Quintessenz zum Thema religiöse Erneuerung bietet eine Sicht der

Re-Islamisierung, die erstmals auch von Nicht-Muslimen voll geteilt werden kann:

„Also: Wir sind dazu aufgerufen, gegen jede Verpolitisierung der Religion durch den Staat oder in der Gesellschaft aufzutreten. Aufzutreten ebenfalls gegen jede Verquickung von Revolution und Religion. Wir müssen nach politischen Grundsätzen handeln, die Religion dabei hochhalten, aber keine religiöse Politik betreiben. [...] Laßt jeden seine Religion frei ausüben, ohne in deren Belange einzugreifen. [...] Indem wir den Atheismus zurückweisen, dürfen wir uns nicht umgekehrt in Kleriker verwandeln, die den Staat und seine Organe zu einer Aufsichtsbehörde über die Erfüllung religiöser Riten und Satzungen machen möchten. [...]"

6. Bis zum Sturz des Pfauenthrons – Islamische Republik Iran

Das neuzeitliche Iran ist ein Kind der Schia und der Safawiden, die es im 16. und 17. Jahrhundert verstanden hatten, schiitische Staatstheologie und Gesellschaftslehre für ihr messianistisch verstandenes Kaisertum zu gewinnen. Spätestens seit Abbas dem Großen (1587–1628) blieb die Größe Persiens durch Schah und Schia bestimmt. So verhielt es sich auch nach 1736 unter Nadir Schah, der Zand-Dynastie von Schiraz und ab 1787 unter den Kadscharen türkischer Herkunft.

Das 19. Jahrhundert brachte dann Iran ein Zeitalter des Wechsels und Aufruhrs, wo unter der Oberfläche eines schiitischen Konservativismus doch schon ein mächtiges Gemisch von Hoffnung und Enttäuschung, Idealismus und Eigennutz, Patriotismus und Weltbürgertum, Traditionalismus und Pilgerstürmerei gärte. Im Verlauf des vorigen Jahrhunderts waren nach langer Unterbrechung die Berührungen mit Europa immer enger und zahlreicher geworden. Die europäische Kriegskunst und die Erzeugnisse der europäischen Industrie zeigten Iran das Bild eines gehobenen Lebensstandards, erweckten in ihm aber auch in zunehmendem Maße das Gefühl der eigenen Rückständigkeit und Unterlegenheit. Die ersten iranischen Studenten, die aus Europa zurückkehrten, brachten die Ideen der Nationalisten des Westens mit. Den iranischen Intellektuellen erschien ihr Land als das wehrlose Opfer des Machtkampfs zwischen Großbritannien und Rußland, eines Kampfes, den die iranischen Politiker teils für persönliche, teils auch für patriotische Zwecke ausnützten. Das Herrscherhaus, das die Reichtümer des Landes für seine Privatzwecke rücksichtslos dem Ausland verpfändete, zog sich damit die Verachtung des eigenen Volkes wie der Fremden zu. Unterdessen wirkten die altererbten Ideen des Schia-Islam in Iran unentwegt weiter, mit ihrer eigenartigen Mischung von Individualismus, Fanatismus, Rebellion und Eigenbrötelei. Geheimgesellschaften, die sich bei den Persern seit den Tagen ihres vorislamischen religiösen Reformators Mazdak im 5. Jahrhundert n. Chr. größter Beliebtheit erfreuten, blühten sowohl in verschiedenen einheimischen Formen wie auch als neuaufkommende Freimaurerbewegung.

Gelegentlich kam es zu Ausbrüchen – der Babirevolution der fünfziger Jahre, deren Überlieferung heute in aller Welt in Gestalt der in Iran unter Schah wie Chomeini verfolgten Bahai-Religion fortwirkt, dem panislamisch getönten Protest gegen die Verpachtung der Tabakregie 1891 oder der Ermordung von Nasseroddin Schah im Jahr 1898. Aber erst die Jahrhundertwende vereinte alle diese Elemente zu einem wirklich explosiven Gemisch, eine Konstellation, die sich noch radikaler 1978/79 wiederholen sollte. In beiden Fällen muß man sich hüten, die iranischen Dinge vom Standpunkt der europäischen politischen Verhältnisse zu betrachten. Der europäische Nationalismus war durch den Gegensatz zwischen dem von der Aristokratie, der Kirche und dem Militär getragenen Absolutismus und der Demokratie entstanden, hinter der die Intellektuellen und – in bescheidenem Maße – die Massen standen. Anders war es in Iran, wo – wie auch im damaligen osmanischen Reich – die Armee die Vorhut der Intelligenz bildete. So verdankte auch das iranische Schulwesen seinen Ursprung der Notwendigkeit, die Offiziere in der westlichen Kriegskunst auszubilden und ihnen damit die Welt der Sprachen und der Gedanken des

Westens zu eröffnen. Die Schiitenführer waren – damals wie heute – einerseits erfüllt von der Idee einer brüderlichen Verbundenheit aller Menschen, andererseits voll Haß gegen alles Fremde, das anfing, das ganze Leben des Volkes zu durchdringen, und die geheiligten Traditionen des Islam zu untergraben drohte. Sie fanden es daher schon 1905 – wie jetzt ein Ayatollah Chomeini mit dem Liberalen Bazargan – nicht schwer, sich mit den intellektuellen Demokraten gegen ein Herrscherhaus zu verbünden, das ihnen als gottlos erschien. Frucht dieses Zweckbündnisses, zu dem noch Einflüsse der ersten russischen Revolution von 1905 traten, war die sogenannte „Maschrute"- (Verfassungs-)Bewegung, die mit der Konstitution des Jahres 1906 und der Eröffnung des ersten Madschliß, wie das Parlament hieß, ihren Höhepunkt erreichte.

Die ersten Jahre der konstitutionellen Monarchie waren nicht nur durch innere politische Intrigen und die üblichen Kinderkrankheiten einer jungen Demokratie überschattet, sondern auch durch den Ausbruch des 1. Weltkrieges, in dem das Land zum Kriegsschauplatz wurde, obwohl es keiner der kriegführenden Parteien angehörte, durch die russische Oktoberrevolution und die Nachkriegspolitik der Großmächte. Aus diesem Chaos wurde – ähnlich der benachbarten *Türkei* – ein neuer iranischer Nationalismus säkularer Art geboren, der in vielfacher Hinsicht von dem bisherigen völlig verschieden war – das autoritäre Regime Reza Schahs, orientiert am laizistischen und autoritären Kemalismus in der türkischen Nachbarschaft.

Mustafa Kemal „Atatürk", markantester Vertreter einer anti-islamischen Verwestlichung, wurde 1881 im damals noch türkischen Saloniki geboren. Im 1. Weltkrieg als militärischer Führer bewährt, begann sein Aufstieg nach dem Zusammenbruch von 1918 mit dem Nebeneinander der Sultansregierung in Istanbul und einer nationalistischen „Résistance". Sie war im „Verband zur Verteidigung von Anatolien und Rumelien" gesammelt und operierte von Ankara aus. Hier war im April 1920 die „Große Türkische Nationalversammlung" zusammengetreten. Sie forderte für das türkische Volk die Unabhängigkeit und für die arabischen Teile des zerfallenen Osmanischen Reiches das Selbstbestimmungsrecht der Völker. In Istanbul hatte man hingegen dem Friedensvertrag von Sèvres zugestimmt, der unter anderem auch türkische Reparationen an die Alliierten beinhaltete. Der „Verband" lehnte dies als eine unerträgliche Zumutung ab und setzte unter Mustafa Kemals Führung den Kampf gegen die Griechen und ihre Verbündeten fort, der schließlich im September 1922 zu deren vernichtender Niederlage in Kleinasien geführt hat. Der Frieden von Lausanne brachte 1923 die völkerrechtliche Anerkennung der Republik, die bedingungslose Aufhebung der „Kapitulationen" (Europäer-Privilegien) und den alliierten Verzicht auf Reparationen.

Nach diesem nationalen Sieg begann die laizistische Ära des Kemalismus. Unter Verzicht auf eine geistige Auseinandersetzung mit dem Islam hat Atatürk das öffentliche und private Leben der türkischen Muslime säkularisiert und eine scharfe Trennung zwischen Staat und Religion durchgeführt. Mit dem zwischen 1924 und 1934 erlassenen acht Laizierungsgesetzen wurden Sultanat und Kalifat abgeschafft, staatliche und geistliche Gewalten getrennt, strenge alt-islamische Kultstätten als „Brutstätten der Rückständigkeit" geschlossen, die Bekleidung nach westlichem Vorbild reformiert, die Gleichberechtigung der Frau anerkannt, die arabischen Schriftzeichen zugunsten des lateinischen Alphabets abgeschafft, Universitäten und ein Schulwesen im modernen Sinn aufgebaut.

Als sich in den späten fünfziger Jahren in der Türkei erstmals wieder eine islamische Reaktion auf den nach Atatürks Tod 1938 epigonenhaft weitergeführten Kemalismus zu rühren wagte, stellte sich der militärische Staatsstreich vom 27. Mai 1960 noch einmal gegen jede Verwischung der eindeutig gezogenen Scheidung zwischen Staat und Islam und vor die laizistischen Gesetze als „außerordentliche Taten Gazi Mustafa Kemals zum Wohle seines Volkes."

Inzwischen werden Kemalismus und Laizismus von der Mehrheit der Türken aber immer weniger „wohltätig" empfunden. Wenn die Türkei dennoch bis heute am stärksten außerhalb der ganzen Re-Islamisierungswelle geblieben ist, hängt das mit einer weit über Atatürk zurückreichenden geistigen Entwicklung zusammen. Mit der Rezeption westlicher Lebensformen und Rechtssysteme hatte die Türkische Republik ein an sich gefährliches Experiment unternommen, das schon früher hätte mißlingen und zu einer Entfremdung zwischen Staat und Volk führen können. Das – wahrscheinlich auch in der Türkei im Endeffekt nicht dauerhafte – Gelingen des kemalistischen Experiments ist nämlich Ergebnis einer schon im Jahr 1839 im Osmanischen Reich eingeleiteten Rechtsentwicklung. Dieser war eine lange theokratische Periode vorausgegangen, in der strikt das koranische Schariatsrecht angewendet wurde. Mit dem Zeitalter der osmanischen Reformen (Tanzimat = Neuordnung), das bis zur Kundmachung des Familiengesetzes von 1917 reicht, wurden die wichtigsten Gesetze – 1850 das Handelsrecht, 1858 das Strafgesetz, 1864 das Seehandelsrecht und 1880 die Strafprozeßordnung – nach französischen statt islamischen Vorbildern aufgebaut. Atatürks Europäisierung der Türkei war dann nichts als die Konsequenz aus dieser langen Entwicklung.

In Iran fehlten hingegen ähnliche Voraussetzungen. Immerhin hatte das Land Reza Pahlewi zunächst viel zu verdanken. Zum ersten Mal seit mehr als zweihundert Jahren gab er seinen Landsleuten die Kraft, der übrigen Welt ins Gesicht zu sehen, ihren westlichen Nachbarn gleichberechtigt gegenüberzutreten. Doch war diese neue Haltung auf keinem sehr soliden Grund aufgebaut. Natürlich gab es viel an diesem Regime auszusetzen, besonders in den späteren Jahren, als der erbarmungslosen Unterdrückung der Gedankenfreiheit auch viele zum Opfer fielen, die diesem neuen Nationalismus einen tieferen und dauerhafteren Charakter hätten verleihen können. Trotzdem: Reza Schahs rapide Verkehrserschließung Irans, seine Industrialisierungsversuche, das praktisch aus dem Nichts geschaffene vollständige Schulwesen von der Volksschule bis zur Universität – all das hatte Auswirkungen von Dauer.

Inzwischen begann sich der Charakter des iranischen Nationalismus erneut zu verändern. War man am Anfang unseres Jahrhunderts nur allzu bereit gewesen, die materielle und moralische Überlegenheit des Westens anzuerkennen, so setzte sich nun allmählich die Vorstellung durch, daß der Orient und vielleicht sogar in besonderem Maße Iran auch Wesentliches zu bieten habe, vor allem sich selbst, aber auch der ganzen übrigen Welt. Diese Überzeugung fand ihre Bestätigung durch den Ausbruch des Krieges in Europa im Jahre 1939, erhielt aber bald darauf nach der unprovozierten Invasion Irans, der Abdankung Reza Pahlewis und der Vereidigung des damals 21jährigen Kronprinzen Muhammad Reza 1941 einen vernichtenden Schlag. Wieder einmal lagen die Kräfte des iranischen Nationalismus darnieder, und ein langsamer Wiederaufbau mußte von neuem beginnen. Wohl gab es unter der vorübergehenden Demokratie nun endlich allgemeine Redefreiheit, aber bald stellte sich heraus, daß die Begeisterung der zwanziger und dreißiger Jahre dahin war und das Volk einen neuen Ansporn brauchte. Nur wenige orientierten sich damals islamisch an den schiitischen Ausläufern der Muslim-Bruderschaft, die immerhin nach dem Krieg für die Ermordung von Ministerpräsident General Razmara verantwortlich wurde.

Die jungen iranischen Intellektuellen hielten anderweitig Umschau: Viele zog die Linke an, hauptsächlich, weil sie in ihren antifaschistischen und antiimperialistischen Schlagworten eine Fortsetzung der nationalistischen Lehren der vergangenen Jahrzehnte in einer etwas schmackhafteren Form sahen. Ihre Tude-, das ist Volkspartei, war vor allem die einzige organisierte Bewegung, die den Namen einer Partei verdiente. Doch zunehmende Anlehnung an die Sowjetunion brachte sie in Mißkredit, und kleinere Gruppen splitterten von ihr ab. Eine von ihnen war die Iran-Partei, die später den Kern von Mossadegs „Nationaler Front" und neustens die letzte kaiserliche Regierung unter Schapur Bachtijar bildete.

Die Auswirkungen der 1946 in Aserbeidschan nur mit gewaltsamer Mühe vereitelten kommunistischen Sezession auf die innenpolitische Weiterentwicklung Irans standen in keinem Verhältnis zu ihrer internationalen Bedeutung. Man sah darin natürlich eine Folge des Machtkampfes zwischen dem Westen und der Sowjetunion, aber in Iran betrachtete man sie vor allem als einen Prüfstein für die innere nationale Kraft, ob Iran imstande sei, die unruhigen Elemente der Linken dem Volksganzen dienstbar zu machen. Als die Revolte zusammenbrach, wich die Woge der allgemeinen Begeisterung für den jungen Schah sehr bald peinlicher Betretenheit. Der Aufstand war niedergeschlagen, aber die Probleme, die ihn hervorgerufen hatten, blieben weiter ungelöst, und es war nicht gelungen, die Männer, die in ihn verwickelt gewesen waren, von ihrem Unrecht zu überzeugen.

Während aber der linke Flügel geschlagen und geächtet war, fiel der Gewinn nicht dem Schah zu, sondern vielmehr den nationalistischen Gruppen, die sich um die Person von Mossadeg scharten, dessen Ansehen und Einfluß seit der Aserbeidschan-Krise stetig zu wachsen begann. Als er schließlich 1951 an die Macht kam, war das nicht so sehr ein Ergebnis seines keineswegs geringen politischen Geschicks als vielmehr eine Folge der Sympathien, die man Ideen entgegenbrachte, die er anscheinend vertrat. Selbst der unmittelbare Anlaß für den Begeisterungstaumel, in dessen Mittelpunkt er stand – die Verstaatlichung der Erdölindustrie –, war eigentlich nur ein Brennpunkt für die aufgepeitschten nationalistischen Gefühle, wie der absolute Mangel an Realismus zeigte, von dem sich die Nationalisten dabei leiten ließen. Die iranische Bevölkerung interessierte sich kaum für die Aufteilung der Ölgewinne, für ausgeglichene Budgets oder Siebenjahrespläne; aber sie fühlte sich als Teil einer großen Bewegung, deren Aufgabe es war, die Fremden aus dem Lande zu jagen und die Unabhängigkeit und staatliche Einheit wiederzugewinnen, die – wie sie glaubten – ihre Ahnen unter den Achämeniden, den Sassaniden und Safawiden genossen hätten.

Es war die Tragik Irans, daß dieses erhabene Ideal durch ihm wesensfremde Faktoren in Mißkredit gebracht wurde – durch innenpolitische Streitigkeiten und Fehlspekulationen, durch wirtschaftlichen und finanziellen Druck von innen und außen, durch internationale und übernationale Machenschaften. Der Zusammenbruch der Regierung Mossadeg hat Iran wohl vor einem wirtschaftlichen Chaos bewahrt, aber er hat auch dem Nationalstolz und der Selbstachtung der Perser einen schweren Schlag, ein Trauma versetzt, das im Untergrund für den weiteren Gang der Dinge hin zur islamischen Februarrevolution 1979 fortwirkte.

Bis zu ihrem religiösen Zusammenschluß unter dem Schiitenführer Ruhollah Chomeini befand sich Irans nationalistische Bewegung der fünfziger und sechziger Jahre in einem Zustand beträchtlicher Verwirrung und stellte ein Gemenge gegensätzlicher und sogar einander feindlicher Elemente dar. Da waren einmal der charakteristische Individualismus und die Eigenbrötelei des Persers, die sich zunächst durchaus mit äußerlicher Unterwerfung unter die allumfassende Autorität des Schah zu vertragen schienen. Dann die Reformer, die zum Teil von der Linken kamen, unbedingt für Modernisierung, die Übernahme der westlichen Techniken und des westlichen materiellen Fortschritts, für den Kampf gegen religiösen Aberglauben und das Dunkelmännertum. Nun ständig steigend aber der Einfluß der islamischen Rechten, die sich zu bemühen begann, das iranische Leben von den „fremden Auflagerungen und Verunreinigungen" zu befreien, von der Rückkehr – die Schiiten selbst sagten natürlich: dem Schritt vorwärts – zur reinen Brüderlichkeit des Islam träumte. Und gar nicht zu verwundern, daß sich die beiden seltsamen Schlafgenossen „Schia und Schujuia" (Schia und Kommunismus) bald in ein und demselben Bett fanden: Ist ihnen doch der Gedanke der Menschenverbrüderung gemeinsam, und dieser hat noch immer die stärkste Anziehungskraft auf die breiten Massen ausgeübt.

Damit ergab sich im Laufe der Jahre aus dem brodelnden oppositionellen Durcheinander wieder eine machtvolle Synthese, eine religiös-soziale Bewegung, die die schöpferischen Energien des persischen Volkes in Bewegung setzte. Je mehr die vom Schah am 26. Januar 1963 eingeleitete „Weiße Revolution" sozialer und zivilisatorischer Reformen nach westlichen Leitbildern der marxistischen Linkskritik Fundament und Nährboden entzog, desto höher schlugen die Wogen des schiitischen Fanatismus. Die einflußreiche islamische Geistlichkeit mit den Ayatollahs der Heiligen Städte Kom oder Maschhad an der Spitze sah in einem der Hauptanliegen der „Weißen Revolution", der Aufteilung des Großgrundbesitzes mit seinem fronhaften Teilbausystem der „Mosarä'e", eine Bedrohung der weiten Latifundien geistlicher Stiftungen. Dieses sogenannte Wakuf-Land spielte in Iran immer eine zentrale Rolle. Das Grundeigentum war stets den Willkürmaßnahmen der Herrscher ausgesetzt, ausgenommen der Besitz der geistlichen islamischen Stiftungen. Deshalb ließen viele Feudalherren ihren Bodenbesitz formal gegen regelmäßige Vergütung als Wakuf-Land registrieren, um die Unantastbarkeit dieses Besitzes zu garantieren. Aus diesem Umstand erklärt sich auch die politische, weil ökonomische Macht der schiitischen Geistlichkeit Irans.

1963, das Jahr der „Weißen Revolution" führte daher auch zum offenen Bruch zwischen dem Schah und Chomeini, zur Verbannung des Ayatollahs in die Türkei (der als Exil bald bis 1978 der Irak und zuletzt Frankreich folgten). Die geheiligten Gesetze des Islam wurden von immer breiteren Bevölkerungskreisen wieder als stärker verpflichtend wie die Gesetze des Staates empfunden. Leistungen großer schiitisch-iranischer Vergangenheit wurden zum Maßstab und zu Kriterien in einer Welt, zu der sie nicht mehr paßten. Konservatismus wurde zur Tugend und schablonenmäßiges Verhalten zur starren Vorschrift. Der Zukunft wurde wenig Bedeutung zugemessen, es sei denn als Möglichkeit, die Vergangenheit wiederherzustellen. Und so ist es im Grunde eine pessimistische Atmosphäre, aus der die „Islamische Republik Iran" geboren wurde, regressive Flucht in die Geborgenheit einer erstarrten Gesetzesordnung und Gesellschaft.

II. Von Tahtauwi bis Heikal –
Der Arabische Sozialismus

1. Eine Anti-Ideologie –
Gegen Feudalismus, Kolonialismus, Zionismus

Liberalismus, Marxismus und Sozialismus in der islamischen Welt haben der heute wiedererstarkenden Religion mehr als ein Jahrhundert lang die führende Rolle streitig gemacht. War es jedoch in Europa die Not der Industriearbeiterklasse, die Frühsozialisten und einen Karl Marx unter Anwendung der materialistisch interpretierten Philosophie Hegels und mit von Anfang an internationalen Vorzeichen von einem Versuch zur Lösung der Arbeiterfrage zum Ausbau eines geschlossenen gesellschaftlichen und weltanschaulichen Systems geführt hatte, so herrschten damals im osmanisch-arabischen und persischen Bereich ganz andere Voraussetzungen, ideologische Hintergründe und nationale Bindungen. Ausgelöst wurden die Anfänge dessen, was später mächtig zum vielgestaltigen „Arabischen Sozialismus" führen sollte, von den feudalen Verhältnissen in einer rein agrarisch orientierten Wirtschaft und Gesellschaft. Der Orient hatte erst die Erhebung der europäischen Bauern aus dem 16. und die bürgerliche Revolution des 18. Jahrhunderts nachzuholen, ehe hier überhaupt eine Arbeiterschaft entstehen konnte. Zweitens ist die arabisch-sozialistische Doktrin bei aller sonstigen Areligiosität aus der islamischen Soziallehre entwickelt worden und folglich kaum in kämpferischen Gegensatz zum Glauben getreten, von einer Annahme des dialektischen Materialismus gar nicht zu reden. Kein Wunder, daß diese „nationalen" Sozialismen der Araber, Türken, Perser, Pakistani, Afrikaner etc. heute so leicht von islamischen Positionen aus den Angeln gehoben werden können.

Wurde vor allem dem Arabischen Sozialismus durch seine Verbundenheit mit allen Gesellschaftsklassen seine Ablehnung von Kulturkampf und Religionsfeindlichkeit eine Ausgangsposition in die Wiege gelegt, die von den sozialdemokratischen Erben des europäischen Marxismus erst in der Gegenwart erreicht werden sollte, so hat sich seine Verbindung mit dem arabischen Nationalismus doch als schwere Belastung für liberale wie soziale Anliegen erwiesen, was außerdem zu weitgehender internationaler Isolierung des Arabischen Sozialismus geführt hat.

Als erster Wegbereiter eines säkularen Sozialismus muß in Ägypten Rifa Badauwi Rafi at-Tahtauwi (1801–73) genannt werden. Ähnlich Marx und Engels gehörte er, Sproß einer reichen Grundbesitzerfamilie, der „Ausbeuterklasse" an. Die Pariser Revolution von 1830, die er während eines fünfjährigen Studienaufenthaltes in Frankreich miterlebte, wurde für Tahtauwi zum Wendepunkt. Er wollte die politische und gesellschaftliche Ordnung Ägyptens, das von Muhammad Ali als türkischem Vizekönig (1805–49) im Stile eines aufgeklärten Absolutismus regiert wurde, auf der Grundlage der Arbeit und nicht des Grundbesitzes erneuern. Seine Ausführungen über Wert und Würde der Arbeit zählen zum klassischen sozialistischen Schrifttum in arabischer Sprache.

Die britische Besetzung Ägyptens im Jahre 1882, die den Zuzug europäischer und levantinischer Geschäftsleute, Industrieunternehmer und Baumwollpflanzer einleitete, führte zur Ausprägung einer betont anti-imperialistischen und erstmals auch antikapitalistischen Note im arabischen Frühsozialismus. Die anti-imperialistische Gruppe knüpfte an die Weltanschauung Tahtauwis an. Die sozialen Reformen wurden jetzt in erster Linie zu Mitteln für den Zweck der Überwindung orientalischer Rückständigkeit im Ringen mit den kolonialistischen Großmächten. Andererseits schärfte die Einsicht, daß Ägypten oder die Araber allein den Kampf gegen den Imperialismus nie gewinnen könnten, den Blick für die Notwendigkeit internationaler Solidarität. Dieser Internationalismus erschöpfte sich zwar im panislamischen Rahmen zwischen Marokko und Indonesien, legte aber zum Unterschied vom konservativen Islam das Schwergewicht auf humanitäre Aspekte, Gleichberechtigung der Frau, Menschenwürde der wirtschaftlich Abhängigen oder Bekämpfung von Überresten der Sklaverei. Konkrete Anliegen materieller Besserstellung kamen demgegenüber eigentlich zu kurz. Entscheidend für den Arabischen Sozialismus und seine prinzipielle Gegnerschaft zu Revolutionen und jeder Art politischer Gewaltanwendung wurde die Doktrin vom „Tatauwwur", der friedlichen Gesellschaftsrevolution.

Das Eindringen des Kapitalismus durch ausländische Bank-, Firmen- und Fabrikgründungen schien aber auf der Basis einer Entfaltung herkömmlicher islamischer Sozialvorstellungen nicht mehr zu bewältigen zu sein. Immerhin war es kein Muslim, sondern der koptische Christ Salama Mussa (1887–1959), der einen sozialdarwinistisch-marxistischen Sozialismus, in den sich aber auch Anleihen an Nietzsches „Willen zur Macht" mischten, bei den Arabern heimisch zu machen suchte. Er hat das arabische Wort für Sozialismus, al-Ischtirakia, geprägt, das er als Titel über sein 1913 erschienenes Hauptwerk setzte.

Der Gang der Ereignisse war in Ägypten inzwischen von Männern der Tat, dem Journalisten Mustafa Kamel (1874–1908) und dem Parteiführer Saad Zaglul, in die Hand genommen worden. Ihr militanter und säkularer arabischer Nationalismus hatte schon im 19. Jahrhundert seinen Vorläufer in der Orabi-Revolte von 1882, machte sich in der von fortschrittlichen Muslimen und Kopten gemeinsam getragenen Revolution von 1919 Luft und blieb in Gestalt der Wafd-(Deputations-)Partei die vorherrschende politische Kraft bis zum Umsturz von 1952.

Die Machtergreifung der „Freien Offiziere" am 23. Juli 1952 schien sich zunächst kaum durch eine klare weltanschauliche und soziale Linie auszuzeichnen. Sie bereitete zunächst nur der Vorherrschaft der Wafd-Partei und bald auch den Aktivitäten der Muslimbrüder ein Ende. Dennoch stand der Kampf gegen den Kolonialismus wie bei diesen beiden Bewegungen auch für das Militärregime weiter im Vordergrund und wurde von Gamal Abdel Nasser auf den gesamtarabischen, panislamischen und allafrikanischen Bereich ausgedehnt. Das alles noch unter eindeutig anti-imperialistischen und kaum antikapitalistischen

Vorzeichen. Zwar wurden 1956 der Suez-Kanal und im Gefolge des um ihn entbrannten Krieges der englische und französische Besitz in Ägypten enteignet, doch blieb davon abgesehen fast zehn Jahre alles beim alten.

Lediglich der ägyptische Altmarxist Salama Mussa bewies Gespür für die sozialistischen Aufbrüche, die schon in diesem Frühnasserismus schlummerten. In seinem Spätwerk „Kitab at-thauwrat" (Buch der Revolutionen) frohlockte er ob Beseitigung der „Giftpille Faruk", und vor seinem Tod konnte er 1957 beruhigt feststellen, „daß ich gesiegt habe".

Dieser Sieg eines am Marxismus orientierten Sozialismus in Ägypten ließ tatsächlich nicht mehr lange auf sich warten. Er begann mit den Besitzverteilungsgesetzen von 1961, wurde durch den ideologischen Unterbau der „Charta" vom 21. Mai 1962 abgesichert und fand im selben Jahr mit Schaffung der Einheitspartei „Arabische Sozialistische Union" (ASU) seinen Abschluß.

Abdel Nassers Wendung zum Staatssozialismus ist oft und gerne mit äußerlichen Einflüssen und Momenten in Zusammenhang gebracht worden: wie den Erfahrungen mit den 1956 nach Enteignung der Engländer und Franzosen geschaffenen Staatsbetrieben, der Zusammenarbeit mit der Sowjetunion oder dem Scheitern einer raschen arabischen Einigung. Diese Erklärungsversuche übersehen das Wiederaufleben sozialistischer Schulen im Ägypten der späten fünfziger Jahre, die den Sozialismusmaßnahmen der Regierung vorausgingen und diese fast zwangsläufig nach sich zogen. Wie zu Beginn des Jahrhunderts standen sich islamische und säkulare Sozialisten gegenüber. Die letzteren waren diesmal in der Vorhand.

Sie hatten sich 1958 um die nach einer Emanzipierungsheldin benannte Kairoer Zeitschrift „Rose al-Jussuf" geschart. Dieser linke Flügel des Nasserismus umfaßte Muslime, wie Ahmad Baha ed-Din oder Fathi Ghanem, und Christen, wie den Kopten Louis Auwad. Ideologisch waren hier Sozialdemokraten, Marxisten und Kommunisten vertreten. Die beiden ersten Gruppen paßten sich zögernd den besonderen Erfordernissen der nasseristischen Staatsraison an, während die ägyptischen Kommunisten sich bei der großen Säuberung von 1959 unterwarfen.

Ahmad Baha ed-Din begann seit 1958 in Leitartikeln der „Rose al-Jussuf" einen revolutionären Sozialismus zu predigen, dessen Grundsätze er 1962 in dem Buch „At-Thauwra al-ischtirakia" (Die sozialistische Revolution) zusammenfaßte.

Fathi Ghanem wiederum spezialisierte sich auf die Abgrenzung „seines" Marxismus vom Kommunismus, wobei er die spätere offizielle Parteidoktrin der ASU in vielem vorwegnahm. So schrieb er schon am 13. Februar 1961 in der „Rose al-Jussuf":

„Wir in der Vereinigten Arabischen Republik akzeptieren weder nur die private noch rein kollektive Kontrolle der Wirtschaft, welche die Privatinitiative lahmlegt. Wir befürworten eine Mittellösung, die nicht nur einfach zwischen den beiden Systemen (Kapitalismus und Kommunismus) Balance zu halten versucht, sondern selbst ein einzigartiges System darstellt."

Haupttheoretiker dieses „arabisch-sozialistischen Systems" wurde Abdel Nassers Chefpropagandist Muhammad Hassan ein Heikal. Als Chefredakteur des offiziösen Al-Ahram (Die Pyramiden) benützte er diese führende ägyptische Tageszeitung als Sprachrohr der neuen Doktrin, die er am 4. August 1961 mit dem Leitartikel „Nahnu wa al-schujuia" (Wir und der Kommunismus) konsequent verkündete:

„1. Der erste Unterschied zwischen Arabischem Sozialismus und Kommunismus liegt in der Konzeption der Klassen. [...] Der Kommunismus fordert die von der Kommunistischen Partei repräsentierte Diktatur des Proletariats, während der Arabische Sozialismus den Abbau von Klassenschranken und -differenzen verlangt.

2. Der zweite Unterschied beruht auf dem ersten und betrifft die Haltung der beiden Ideologien zum Privateigentum. Für den Kommunismus wird jeder private Eigentümer zum Ausbeuter; ihn zu eliminieren, heißt die Ausbeutung bekämpfen. Der Arabische Sozialismus hingegen unterscheidet zwei Arten von Privatbesitz: erarbeiteten und durch Ausbeutung erworbenen. Der erste ist ein essentielles Recht jedes Menschen.

3. Der dritte Unterschied verrät eine völlig andere Denkweise. Der Kommunismus sagt: Es muß alles enteignet werden. Der Arabische Sozialismus sagt: Es muß allen durch Kompensation ihr Recht werden.

4. In der kommunistischen Gesellschaft verfügt der Staat über alles. Der einzelne ist ein Werkzeug; er erhält, was seine Grundbedürfnisse erfordern. [...] Im Arabischen Sozialismus ist der Staat ein Instrument des Volkes zur Durchführung und Gewährleistung der sozialen Gerechtigkeit.

5. Kommunismus bedeutet das Opfer mehrerer Generationen im Wege der Produktionssteigerung. [...] Der Arabische Sozialismus strebt zwar eine Produktionssteigerung bis zu ihrer höchsten Entfaltungsstufe als Fernziel an, spricht aber den jetzigen Generationen das Recht auf sofortige Hebung ihres Lebensstandards nicht ab.

6. Der sechste Unterschied zwischen Kommunismus und Arabischem Sozialismus ist der von Servilität und freier Initiative, Starrheit und Dynamik, blindem Doktrinismus und freiem Denken.

7. Der Kommunismus erklärt die Kommunistische Partei zu seiner monopolistischen Organisation. Der Arabische Sozialismus befürwortet ebenfalls die einheitliche politische Organisationsform, die aber die gesamte Nation und alle Klassen umfassen muß."

Es war bezeichnend, daß Heikal Gottesglauben, Religionsfreiheit und Wahrung religiöser Traditionen überhaupt nicht erwähnte, um seine nasseristische Position vom Sowjetkommunismus abzuheben. So laizistisch dachte man nur zehn Jahre vor dem Beginn der Re-Islamisierung Sadats noch in Ägypten!

Louis Auwad, der 1959 des Kommunismus verdächtigt worden war, bald aber wieder zur ideologischen Mitarbeit herangezogen wurde, durfte 1963 mit seiner wichtigsten Schrift „Al-Ischtirakia wa al-adab" (Sozialismus und Literatur) das Glaubensbekenntnis zu einer neuen, humanitären Menschheitsreligion ablegen, von der das ägyptische Volk ebenso geeint werden sollte, wie es bisher der islamisch-koptische Gegensatz zerrissen hatte:

„Sozialismus, wie wir ihn verstehen, ist ein humanistischer Glaube. [...]"

Nahmen diese Autoren den islamischen Traditionen gegenüber eine überlegen gleichgültige, doch nicht direkt feindselige Haltung ein, so stellte sich der Kairoer Universitätsprofessor Atef Ahmad völlig auf den Boden des dialektischen Materialismus, wenn er dabei auch zu anderen Schlußfolgerungen als demokratischer Marxismus und Kommunismus kam. Sein Gesellschaftsbegriff aus „Bain al-fard wa al-mudschtamaa" (Zwischen Individuum und Gesellschaft) lautete: „Gesellschaft ist eine menschliche Notwendigkeit, die von den Gesetzen der Produktion und der Biologie bestimmt wird." Mit seiner positivistischen Nüchternheit trat Atef Ahmad in noch größeren Gegensatz zur jenseitsbezogenen islamischen Soziallehre wie die seinerzeitige Religionskritik eines Salama Mussa.

Die ideologischen Anstrengungen der folgenden Jahre richteten sich nicht auf die Klärung dieser offenen Grundsatzfrage, obwohl bei wiederholten Treffen zwischen der ASU und der KPdSU von letzterer danach gedrängt wurde. Hingegen versuchte man, die Diskrepanzen zur Lehre und Tradition des Islam durch eine muslim-gerechte Interpretation des bestehenden ASU-Systems zu verschleiern. Das rief wieder kritische islamische Geister wie einen Muhammad al-Gazali auf den Plan, der in einer erst unter Sadat öffentlich aufgelegten Untergrundschrift „Al-Islam wa al-manahedsch al-ischtirakia" (Der Islam und die sozialistischen Methoden) die totale Unvereinbarkeit der islamischen Soziallehre mit den verschiedenen säkularen Sozialismen nachzuweisen suchte.

Der verlorene Krieg von 1967 und in seiner Folge die äußerst schwierigen Bedingungen der um den Suezkanal und die Industrie seiner Anrainerstädte gebrachten Wirtschaft Ägyptens zwangen zu einer Kursberichtigung des Arabischen Sozialismus. Abdel Nassers „Deklaration vom 30. März 1968" war nichts anderes als ein die „Charta" in vielen Punkten präzisierendes, aber auch korrigierendes Dokument. Der ägyptische Staats- und Parteichef nannte seine Ausführungen selbst „eine klarere Vision des Arabischen Sozialismus", in denen die „Sicherstellung der privaten Wirtschaftsinitiativen in Verbindung mit dem Wert der Arbeit" (in Punkt 8) ganz stark herausgestrichen wurde.

Damit hatte ein Spätnasserismus begonnen, der sich als möglichst pragmatischer Sozialismus mit dem Schwergewicht auf Wohlfahrt, Versorgungssicherung und der Akzeptierung unorthodoxer Wirtschaftspraktiken kennzeichnen läßt. Zu den akzeptierten Realitäten gehörte nun auch der Islam. Der späteren Re-Islamisierung war die Hintertür aufgetan.

2. Die neue Elite – Träger der arabischen Revolution

Dieses klägliche Auslaufen der so schwung- und hoffnungsvoll begonnenen arabischen National- und Sozialismusbewegung, die Rückkehr des himmelstürmenden Prometheus Nasserismus zum islamischen Kindheitsglauben sind beileibe nicht Werk und Erfolg seiner zionistischen Widersacher im Nahen Osten, einer „Verschwörung des Weltjudentums", in die sich die Nasseristen chronisch verstrickt glaubten.

Hingegen hat es ihnen zwar nie an Ideen, doch immer an arbeitseifrigen Mitarbeitern zur Verwirklichung der schönen arabisch-sozialistischen Doktrinen gefehlt. Staat und Partei waren unter Abdel Nasser ebenso wie die verstaatlichten Wirtschaftszweige in erster Linie Versorgungsinstitute für die eigentlichen Machtträger: die Offiziere. Vor allem seit den Verstaatlichungen von 1961 wurde Ägypten von einem mächtigen Staatsapparat beherrscht, in dem Militärs und Technokraten dominierten. Sie konstituierten die neue „staatskapitalistische Klasse".

Diese Machtausweitung der Militärs unter dem Schirm des „Arabischen Sozialismus", ihre Entwicklung von einer kleinbürgerlichen Schicht zur herrschenden Klasse läßt sich an der Rolle verfolgen, die von den Offizieren unter Abdel Nasser gespielt wurde: In einer ersten Phase besetzen die Militärs die Schlüsselpositionen des Staatsapparates mit Personen aus ihren Reihen. Im zweiten Anlauf begnügen sie sich nicht mehr mit den Positionen, von denen aus eine Kontrolle über den gesamten Staatsapparat ausgeübt werden konnte, sondern sie übernehmen alle wichtigen Entscheidungszentren nicht nur im politischen, sondern auch im ökonomischen Bereich; zugleich werden alle opponierenden Kräfte von links und rechts durch die Repressionsmaschinerie des Staates verfolgt und neutralisiert, während „Söldner-Intellektuelle" (so treffend von Bassam Tibi charakterisiert in „Von der Selbstverherrlichung zur Selbstkritik. Zur Kritik des politischen Schrifttums der zeitgenössischen arabischen Intelligenz", Die Dritte Welt 1 [1972], 180ff.) diese Staatsmaschinerie als Instrument der Revolution verherrlichen. Die dritte Phase zeichnete sich durch eine entscheidende Machtausweitung und Etablierung der Herrschaft der Militärs aus: Nunmehr wurde zwischen zwei Arten von Offizieren unterschieden, solchen, die die Armee verlassen und entsprechend ihrem militärischen Rang eine Verwaltungsposition in den verstaatlichten Unternehmen, aber auch in zivilen Zentren des Staatsapparates übernahmen, und jenen, die in den Streitkräften oder bei der Polizei verblieben sind und für die politische Stabilität des Regimes sorgten. So hatte Ägypten seit dem Beginn der sechziger Jahre nicht nur einen von den Militärs beherrschten Staat, sondern auch eine durch und durch militarisierte Gesellschaft in dem Sinne, daß sämtliche politischen und ökonomischen Herrschaftspositionen in den Händen einer militärischen, mit den modernsten Herrschaftsmitteln ausgestatteten Hierarchie lagen.

So zeigte beim Übergang von Abdel Nasser zu Anwar as-Sadat ein Blick auf die Geschichte dieses ägyptischen Militärregimes seit seiner Entstehung 1952, wie mager seine konkreten Errungenschaften waren. Die Unzufriedenheit der Unterprivilegierten wuchs, nachdem sich an ihrer gesellschaftlichen Stellung unter der fast zwanzigjährigen Militärherrschaft nichts Wesentliches gebessert hatte. Für das Regime ergab sich daraus die Notwendigkeit, jeden Ansatz einer Opposition und jede Kritik an den bestehenden Verhältnissen bereits im Keim zu ersticken. Neben zunehmend pseudo-religiösen, volkstümlichen Obskurantismen bediente sich der Nasserismus ausgiebig seiner Unterdrückungsapparaturen, um die politische Stabilität zu wahren. Reichte die Verdummung der Bevölkerung nicht hin, um die Loyalität der abhängig gehaltenen Massen zu sichern, dann wurden die Geheimdienste aktiv, um Loyalität zu erzwingen und Störfaktoren eilends auszuschalten.

Einem solchen System gegenüber wurde die Re-Islamisierung in der Praxis mit ihren der obrigkeitlichen Willkür entgegentretenden festen Satzungen zu einem populären Fortschritt, so sehr sie auch theoretisch hinter den liberal-humanitären Postulaten des „Arabischen Sozialismus" nachzuhinken scheint.

3. Nasserismus – Baath – Befreiungssozialismus: Rivalen oder Partner?

Im ostarabischen Raum, der zum Unterschied von Ägypten bis 1918 unter direkter türkischer Herrschaft stand, ist die Geschichte des Arabischen Sozialismus noch enger mit dem Erwachen des arabischen Nationalismus verknüpft als im zunächst praktisch von der Hohen Pforte unabhängigen und dann britisch besetzten Nilland. Dafür fehlte hier anfangs die Kampfstellung gegen westlichen Kolonialismus und Imperialismus, was das Eindringen von europäischem Geistesgut und vor allem marxistischer Theorien nach Libanon und Syrien erleichterte. Wie unter den Nationalisten dieses „großsyrischen Raumes" (zu dem noch Jordanien und der Nordirak zu rechnen sind), finden sich auch unter den arabischen Sozialisten in Beirut, Damaskus und Mossul vorwiegend Christen, was hier einer Bindung an die islamische Soziallehre von Anfang an zuvorgekommen ist. Die führende Rolle orientalischer, besonders griechisch-orthodoxer Christen bei der Schaffung sozialistischer Parteien und Ideologien von der „Syrisch-Sozial-Nationalen Partei" bis zum „Baath" hat aber nicht etwa zu einer arabischen Entsprechung der christlich-sozialen Bewegung in Europa, sondern zur Ausprägung eines sonst bei den Arabern geradezu unerhört antiklerikalen, ebenso kirchen- wie islamfeindlichen Sozialismus geführt, der erst heute beim Baath in seiner Spätphase aus seiner Kulturkampfmentalität in überlegene Toleranz allem Religiösen gegenüber einmündet.

Stammvater des antireligiösen Grundtons aller in Libanon und Syrien geborenen Richtungen des Arabischen Sozialismus war der griechisch-orthodoxe Arzt Antun Saada (1904–49), Lektor für Deutsch an der Amerikanischen Universität von Beirut und damit ein Mann, der direkt aus Marx und anderen westlichen Theoretikern von Hegel bis Halbwachs schöpfen konnte. In seinem „Kitab attaalim as-suria al-idschtimaia" (Lehrbuch des sozialen Syrien) hat Saada einer strikten Trennung von Religion und Politik den Vorrang vor allen anderen nationalen und sozialen Zielsetzungen eingeräumt und zu diesem Ziele fünf konkrete Reformprinzipien aufgestellt:

1. Trennung von Staat und Religion
2. Verhinderung der Einmischung des Klerus in politische und rechtliche Angelegenheiten von nationaler Bedeutung
3. Beseitigung der Schranken zwischen den verschiedenen Religionsgemeinschaften
4. Aufhebung der feudalen Ordnung, Organisation der Volkswirtschaft auf produktiver Basis, Sicherung des Rechtes auf Arbeit und Schutz der Interessen von Nation und Staat
5. Aufstellung einer starken Armee, die bei der Landesverteidigung und Bestimmung der nationalen Geschicke eine wirksame Rolle zu spielen hat.

Weltanschaulich versuchte Saada den dialektischen Materialismus durch Einführung des Begriffes der „Geistmaterie" (arab.: Madrahia) neu zu interpretieren, durch eine monistisch verstandene, aber beseelte materielle Grundsubstanz. In seiner ideologischen Hauptschrift „Al-Islam fi rissalataihi al-messihia wa al-muhammadia" (Der Islam in seiner christlichen und muhammedanischen Botschaft) hat Saada dann mit aller Klarheit herausgearbeitet, daß er die jenseitsorientierte Religiosität durch einen positivistischen Erden- und Zukunftsglauben ersetzen wollte:

„... Diese kurze Diskussion hat gezeigt, daß die reaktionäre Befürwortung eines islamischen oder christlichen Staates eine korrupte Angelegenheit ist, die Ignoranz in religiösen wie politischen Belangen verrät. Es ist klar geworden, daß der Fanatismus von Sekten und Religionen das größte Unheil für die syrische Nation darstellt. Dieses kann nur durch Förderung eines syrischen Nationalismus überwunden werden, den unsere Partei zur ‚Lebensreligion' für alle Syrer erklärt hat."

Antun Saada wurde 1949 in Beirut nach einem mißglückten Putschversuch seiner „Syrischen Sozial-Nationalen Partei" standrechtlich erschossen. Auf syrischem Boden und unter ähnlichen Voraussetzungen wie bei seiner SSNP hatte sich inzwischen das umfassendste System eines säkularen Arabischen Sozialismus entwickelt: der arabische Sozialistische Baath (= Wiedergeburt, Erneuerung). Hatten in Ägypten die Ereignisse und Erfordernisse der Tagespolitik den Sozialismus vorangetrieben, so handelte es sich beim Baath um die Gedankenleistung eines einsamen Systematikers, des 1912 in Damaskus geborenen Lehrers Michel Aflak, dem als Partei-Organisator Salah ed-Din Bitar zur Seite trat. Als Ideologie viel jünger wie Ägyptens Frühsozialismus ist der 1940 gegründete Baath die älteste sozialistische Großpartei der arabischen Welt.

Aflak gehörte – wie schon Saada – der griechisch-orthodoxen Kirche an, war aber während seiner Studienzeit in Paris Kommunist geworden. Nach seiner Rückkehr in die Heimat begann er die Theorien des Marxismus-Leninismus an der arabischen Wirklichkeit zu erproben, was zu kritischen Abstrichen und schließlich zur Ausprägung seiner eigenen Ideologie führte.

Der Baath-Gründer bezeichnete nun die Modernisierung der arabischen Welt mit dem Ziel einer Wiederherstellung ihrer einstigen Grösse, die Hebung des Lebensstandards der Bevölkerungsmehrheit und die Überwindung der imperialistischen Vorherrschaft als die drei Ziele seines Denkens und Handelns. Vom Kommunismus herkommend, stellt die Baath-Doktrin die Freiheit unter die Ordnung, den Einzelnen unter die Gruppe. Die Trennungslinie zwischen dem System Aflaks und dem Marxismus liegt beim arabischen nationalistischen Einspruch gegen die kosmopolitische Grundhaltung von Kommunismus und demokratischem Sozialismus und in dem Aufspüren „abendländischer Elemente" im marxistischen Denken, die als volks- und wesensfremd verworfen werden. Oder mit Aflaks eigenen Worten aus seinem 1963 in Beirut erschienenen Werk „Fi sabil al-Baath" (Um des Baath willen):

„Der Kapitalismus ist keine Ideologie, sondern ein Sachverhalt. Er bezeichnet die Unterwerfung des Menschen an die von ihm geschaffenen oder produzierten Güter. Der Anspruch, daß Kapitalismus mit schrankenlosem privatem Besitzrecht in allen seinen Konsequenzen gleichzusetzen sei und dieses Recht weder von der Gesellschaft noch durch den Staat angetastet werden dürfe, findet heute selbst in den kapitalistischen Ländern keine Verteidiger mehr. Gerade die kapitalistischen Staats- und Gesellschaftssysteme haben sich neuestens zu der Einsicht durchgerungen, daß Privateigentum nicht unbegrenzt heilig ist, nicht immer den gewünschten wirtschaftlichen Erfolg zeige und dem öffentlichen Interesse auch zuwiderlaufen könne, so daß der Staat im Interesse des letzteren eingreifen müsse. Wird der Kapitalismus jedoch als wirtschaftliche Konsequenz aus der absoluten Freiheit der menschlichen Persönlichkeit verstanden, so darf diesem positiven Aspekt unsere Anerkennung nicht versagt bleiben. Aber in Wirklichkeit ist das dann gar kein Kapitalismus mehr, sondern genau der Sozialismus, den wir und viele andere Völker befürworten. Ein vitaler, echter und ungekünstelter Sozialismus, der nicht den einen Mißstand durch einen anderen ersetzt und anstelle des gestürzten kapitalistischen Idols den Götzen einer Gesellschaftsordnung aufrichtet, die den Menschen versklavt und seine gesunde Eigeninitiative lähmt. Für unseren Sozialismus stellt der Mensch allein den höchsten Wert dar, und er muß der Herr und Meister all seiner Schöpfungen bleiben. Daher ist es unsere Überzeugung, daß eine genuine, weitschauende und weise Doktrin geboten ist, um alle Formen der Ausbeutung zu eliminieren, ohne dabei die individuelle Freiheit zu unterdrücken. Und damit sind wir bei Klassentheorie und Klassenkampf angelangt.

Unsere Ideologie kennt keine Theorie der Klassenstruktur im marxistischen Sinn. Wir bestätigen die Existenz von Gesellschaftsklassen, lehnen aber deren marxistische Interpretierung ab. Richtig war die marxistische Feststellung, daß in unserem Zeitalter die Auseinandersetzung zwischen den Klassen ein historisches Entwicklungsgesetz geworden ist. Marx hat die Charakterzüge unserer Epoche exakt umrissen, und wir sind fern davon, die Existenz von Klassenkämpfen zu leugnen.

Der Marxismus hat die Bedeutung des Klassenkampfes jedoch übertrieben, ihn zu einem internationalen Konflikt machen wollen und darüber die vitalen historischen Entwicklungen des Nationalismus mißachtet. Der Marxismus postuliert zu Unrecht, daß die internationale Solidarität zwischen den Ausbeutern auf der einen und den Ausgebeuteten auf der anderen Seite enger und stärker sei als die nationalen Bande zwischen den Klassen ein und desselben Volkes. Der Lauf der Dinge hat die Falschheit dieser Ansicht bewiesen, seit sich die internationale proletarische Solidarität nicht in Art und Ausmaß der marxistischen Prophezeiungen entwickelt hat."

Zum Unterschied vom abendlandsfeindlichen Baath versuchte in Libanon die „Progressive Sozialistische Partei" den demokratischen und humanitären Idealen der europäischen Sozialdemokratie mit bodenständigen Gedanken und Methoden nachzueifern. Ihr – im Gefolge des libanesischen Bürgerkriegs am 20. März 1977 ermordeter – Führer Kamal Dschumblat war ein Drusenfürst, dessen synkretistische Mischreligion ihn in gleicher Weise vom sonstigen libanesischen Konfessionalismus freigehalten wie für die Wechselbeziehungen von Religiosität und Sozialismus offen gemacht hatte. Seine Lehren stimmen im wesentlichen mit denen eines islamischen Sozialismus überein, haben aber durch gründliches Studium von Marx, Durkheim, Lévy-Bruhl und enzyklopädische Kenntnis der arabischen sozialistischen Literatur einen umfassenden, abschließenden Charakter erhalten. Sein Sozialismus-Begriff – Dschumblat lehnte die nationalistische Einschränkung „Arabischer Sozialismus" ab – hat im modernen politischen Denken des Orients nicht seinesgleichen:

„Alle diese marxistischen Theorien missverstehen die Wahrheit. Es genügt nicht, eine Klasse durch eine andere, ein

System durch ein anderes, ein Gesetz durch ein neues zu ersetzen, um den Sieg von Gerechtigkeit, Tugend und Liebe zu gewährleisten. Gerechtigkeit und Liebe müssen entsprechend der menschlichen Natur in doppelter Weise verwirklicht werden: Die Reform hat sowohl von außen wie im Herzen der Menschen selbst zu erfolgen. Ein ethischer Sozialismus, der an die Beherrschung der sozialen Gegebenheiten durch den Menschen glaubt, ist allein imstande, uns den richtigen Weg zu führen. Sonst werden wir Maschinen ohne Treibstoff, Körper ohne Seele. Wenn sich die Menschen aber zu allererst selbst reformieren, indem sie ihre Egozentrik überwinden und ihr wahres Selbst bestimmend wird, so werden wir weder sozialistische Systeme noch soziale Gesetzgebung mehr nötig haben." (Aus: „Adwah il haqiqa al-qadia al-qaumia al-idschtimaia as-suria" – Erhellung der wahren Bedeutung des sozialen syrischen Nationalismus, Beirut 1962)

Die Ideen Kamal Dschumblats haben in Libanon eine ganze Schule sozialistischer Denker beeinflußt, mögen diese auch nicht oder nur vorübergehend zu seiner „Progressiven Sozialistischen Partei" gehört haben. Der 1925 geborene katholische Maronit Clovis Maksud gehörte ursprünglich der rechtsradikalen Jugendbewegung der „Kataeb" (Phalangen) an, schwenkte dann zur Partei Dschumblats über, um seit 1956 seine eigenen politischen und ideologischen Wege zu gehen. Schon frühzeitig hat er die Krise der säkularen arabischen Linken, die Gefahr einer „geistigen Restauration" erkannt, diesen Titel „Asamat al-jasar al-arabi" (Krisen der arabischen Linken) über sein wichtigstes Buch gesetzt. Darin konnte man schon 1960 lesen:

„Die Linke in der arabischen Welt macht eine schwere Krise durch, deren Wurzeln in den von ihr selbst geschaffenen Verhältnissen wie in der internationalen Problematik des Sozialismus zu suchen sind. Was verstehen wir überhaupt unter der Linken? Die Linke als politische Norm bezeichnet alle Klassen, die für eine stärkere Teilhabe der Massen am wirtschaftlichen, politischen und kulturellen Leben auf Basis des Abbaus der Klassenschranken eintreten. Die Linke umfaßt alle Kräfte, die den Menschen von einem Dasein am Rande des Lebens und seiner Ereignisse befreien und zur aktiven Gestaltung seiner Zukunft in Würde und Wohlstand aufrufen. Die verschiedenen Ideologien, die diese Wünsche und Anliegen in Programme umzusetzen versuchen, sind nur durch verschiedene Problemstellungen bedingt."

Der libanesische Jungsozialist Ramadan Lawand, der erst in den sechziger Jahren auf sich aufmerksam machte, gehört ebenfalls zur Schule Dschumblats. Mit seinem „Masir al-quau mia al-arabia" (Der Weg des arabischen Nationalismus) hat er eine Art Abgesang auf die säkularen arabischen Ideologien am Vorabend der Re-Islamisierung verfaßt:

„Die arabischen Intellektuellen, welche die sozialistischen Theorien aus dem Westen in ihre Heimat brachten, haben gleichzeitig die Interessen der herrschenden Klassen mit eingeschleppt. Was immer die eine Gruppe von der anderen halten mag, kann es keinen Zweifel daran geben, daß die arabischen Sozialisten eine Karikatur der westlichen geblieben sind. Die arabische sozialistische Bewegung hat damit ihren ursprünglichen und einmaligen Charakter eingebüßt."

Der Arabische Sozialismus hat sich nur dort bisher gegen die Re-Islamisierung behaupten können, wo er als „Befreiungssozialismus" mit ganz stark ausgeprägter nationaler Komponente, zugleich aber in Solidarität mit der kommunistischen Weltrevolution entstanden war. Das gilt für Aden, Südjemen und Hadramaut, wo die britische Kolonialära erst 1967 zu Ende ging, und in ganz besonderem Maße für die Exil-Palästinenser. In beiden Fällen fehlte und fehlt der religiöse Einfluß und jener der islamischen Soziallehre, während die gerade in diesen Problemkreisen hervorstechenden sozialen Nöte radikale Lösungen aufdrängen.

In der „Demokratischen Volksrepublik Jemen" hat sich – von der islamischen Komponente abgesehen – die algerische Entwicklung vom Freiheitskampf zur Unabhängigkeit und von Machtkämpfen zum Aufbau einer sozialistischen Ordnung wiederholt. Allerdings wurde der antikolonialistische Kampf gegen die Engländer in ihrer Kronkolonie Aden, dem angeschlossenen Protektorat und der späteren „Südarabischen Föderation" von zwei rivalisierenden Bewegungen, der FLOSY (Befreiungsfront des besetzten Südjemen) und der NLF (Nationale Befreiungsfront), geführt. Sozialisten demokratischer Ausrichtung waren unter Führung von Abdallah al-Asnadsch nur in der FLOSY vertreten, während in der NLF die Kommunisten dominierten. Dennoch waren die NLF-Leute die besseren Kleinkriegsstrategen und Realpolitiker, so daß die abziehenden Briten ihnen im Oktober 1967 die Herrschaft übergaben. Volksjemen erwies sich dann neuestens als das einzige arabische Land, wo eine Entwicklung in Richtung islamischer Restauration von der organisierten Linken blutig erstickt werden konnte: Ende Juni 1978 stürzten und ermordeten die Adener Volksmilizen Staatschef Salem Robaie Ali, nachdem dieser Kontakt zu Saudiarabien gesucht und Kursberichtigungen angekündigt hatte.

Unter dem neuen Präsidenten Abdel Fattah Ismail ist Volksjemens NLF die letzte rote Bastion im grünen Meer der Re-Islamisierung mit einem eindeutig an Moskauer Direktiven orientierten „Neun-Punkte-Programm":

„1. Widerstand gegen Kolonialismus und Neokolonialismus in allen ihren Formen und Bedeutungen.

2. Aktivität gegen alle Arten von Angriffskriegen und Unterstützung jeder Anstrengung für die Erhaltung des Weltfriedens und für dessen Festigung auf den Grundlagen der Gerechtigkeit und von Anerkennung der Rechte des Volkes.

3. Vorgehen gegen Reaktion, internationalen Zionismus und Imperialismus in der Überzeugung, daß diese Kräfte durch gemeinsame Interessen, Taktiken und Strategie verbunden sind, Feinde daher für alle Nationen der Welt.

4. Unterstützung der Revolution der ‚Volksfront' in den Golfstaaten und Zusammenschluß aller revolutionären Kräfte von Jemen, der Golfregion und der gesamten Arabischen Halbinsel, um den imperialistisch-reaktionären Verschwörungen entgegenzuwirken, die in diesem Raum gegen die Araber gerichtet sind.

5. Materieller und moralischer Beistand für die Revolution des arabischen Volkes von Palästina in seinem gerechten

Kampf gegen die zionistischen Besatzer, die Verschwörungen der arabischen Reaktion und des internationalen Imperialismus.

6. Anknüpfung fester und intensiver Beziehungen zwischen der „14. Oktober-Revolution" der Demokratischen Volksrepublik Jemen unter Führung der NLF und anderen arabischen Befreiungsbewegungen und fortschrittlichen Parteien. Dadurch soll gemeinsames Verständnis der Natur der arabischen Revolution und die Schaffung einer progressiven arabischen Front erzielt werden, die sich Reaktionären, Zionisten und Imperialisten mit ihrer Bedrohung von Geschick, Freiheit und Existenz der Araber entgegenstellt.

7. Förderung der Beziehungen mit befreiten arabischen Staaten, den Ländern des sozialistischen Blocks, Volksdemokratien sowie allen fortschrittlichen und friedliebenden Staaten, die der arabischen Sache und dem Kampf der Menschheit gegen die Kräfte von Imperialismus und Reaktion dienen können, um nationale Befreiung, sozialen Fortschritt, den Sieg des Sozialismus und die Sicherung des Friedens zu fördern.

8. Auftreten gegen die Rassendiskriminierung in Südafrika und Rhodesien, in Südwestafrika und den USA sowie Unterstützung aller Bemühungen zur Überwindung des Rassismus.

9. Eintreten gegen Atomwaffen, ihre Verbreitung und Herstellung im Dienste des Krieges und Unterstützung aller Anstrengungen für ein Kernwaffenverbot, ausgenommen ihren Einsatz für die Sicherung des Friedens, den Dienst an der Menschheit und für den zivilisatorischen Fortschritt."

4. Einheit – Freiheit – Sozialismus:
Im arabischen Parteiendschungel

Die Kritik der Re-Islamisierung an den säkularen politischen Ideologien Nordafrikas und des Mittleren Ostens als geistigen Fremdkörpern trifft noch mehr auf die politischen Parteien dieses Raumes zu, bei denen es sich – wenn man vom Baath absieht – tatsächlich um nicht mehr als Karikaturen des westeuropäischen Mehr- oder kommunistischen Einparteiensystems handelt.

Eine Sonderstellung nimmt allerdings die marokkanische Istiklal-Partei ein, die von Anfang an islamisch orientiert war. Ihr 1910 in Fez geborener Gründer Allal al-Fassi hatte in Kairo noch zu einer Zeit studiert, als an der Al-Azhar-Universität die modernistische Reformtheologie eines Muhammad Abdu und Raschid Reda in Blüte stand. Nach seiner Rückkehr nach Marokko wurde er als Hauptwortführer der Unabhängigkeit (arab. Istiklal) von den Franzosen 1937 nach Gabun verbannt. Dieses Exil konnte er später mit einem zweiten Aufenthalt in Ägypten vertauschen, wo Fassis ideologische Hauptschriften entstanden. Seine Gesellschaftslehre basiert auf der Familie als Lebens-, dem „Kollektiv" als Arbeits- und dem Staat als nationaler Gemeinschaft, die Religion stellt den Zusammenhalt zwischen den drei „societates perfectae" her.

Nach Erlangung der Unabhängigkeit Marokkos wurde Allal al-Fassi unter König Muhammad V. Minister für islamische Angelegenheiten. 1963 zog er sich jedoch in die Opposition zurück, um für die Demokratisierung der marokkanischen Monarchie zu kämpfen. Auch diesem Ziel hat sich der Istiklal nach Fassis Tod mit den Parlamentswahlen von 1977 und seiner neuerlichen Regierungsbeteiligung annähern können. Seine säkular-marxistischen Mitläufer haben sich hingegen in Gestalt der „Union National des forces populaires" (UNFP) zusammengeschlossen, die heute die wichtigste oppositionelle Kraft in Marokko darstellen.

Während in Algerien und Tunesien FLN und Neodestur als staatstragende Einheitsparteien fungieren, ist in der libyschen Dschamhuria die Juli 1971 nach ägyptischem Vorbild gegründete „Arabische Sozialistische Union" (ASU) zu einem Vollzugsorgan der direkten islamischen Demokratie Gaddafis umgestaltet worden. Im Anschluß an die zweite Session des Allgemeinen Volkskongresses wurde die libysche ASU am 3. April 1975 zum „einzigartigen und praktischen Beispiel direkter Demokratie, Organ der islamischen Kulturrevolution und – nach dem Ausschluß von Kapitalisten und Intellektuellen – zur Arbeitsallianz von Arbeitern, Bauern, Studenten, Kaufleuten, Handwerkern und Beamten" erklärt. Intakt geblieben ist hingegen der Januar 1972 in Khartum etablierte ASU-Ableger, der bald darauf – nach dem Ausgleich mit den Schwarzafrikanern im Südsudan – den für diese weniger provozierenden Namen „Sudanesische Sozialistische Union" (SSU) angenommen hat.

In Ägypten hat die alte nasseristische ASU 1978 auch ihr Schattendasein als Dachverband von drei bzw. vier neuen Parteigründungen beenden und der von Präsident Sadat persönlich gegründeten National-demokratischen Partei (Al-Hizb al-watani al-dimokrati) weichen müssen. Obwohl diese theoretisch keine Einheitspartei ist, hat sie doch Funktionen, Kader und auch Lokale der alten ASU und der intermediären Misr-Sozialisten (Ägypten-Sozialisten) einfach übernommen. Die National-Demokraten stehen ideologisch nicht erklärt auf islamischer Basis, betrachten den Islam jedoch als integrierenden und wichtigsten Bestandteil ihres „nationalen Erbes". Streng islamisch ausgerichtet ist hingegen eine ebenfalls auf Sadats Anregung gegründete Partei der „gelenkten Opposition", die „Sozialistische Arbeiter-Partei". Sie soll als „Saubere Linke" der kleinen marxistischen Gruppe der „National-Progressiven Sammlung" in der ägyptischen Arbeiter- und Studentenschaft entgegenwirken. Klar zur Trennung von Religion und Politik bekennen sich nur mehr die ägyptischen „Sozialliberalen" unter Führung des einstigen „Freien Offiziers" und späteren Nasser-Kritikers Mustafa Kamel Murad. Eine intelligente Minderheit, die in der jetzigen Situation aber hoffnungslos gegen den Strom schwimmt.

In Syrien und dem Irak regieren die beiden Flügel des Baath zusammen mit Kommunisten und anderen Links- oder Nationalparteien (so in Bagdad vor allem mit der Demokratischen Partei Kurdistans) im Verband von „National-Progressiven Fronten". Diese sehen aber nicht etwa so aus, daß sie gekoppelte Listen der beteiligten Parteien oder eine Art Dachverband – wie die ägyptische ASU von 1975 bis 1978 – darstellten. Sowohl die syrische wie die irakische national-progressive

Front sind vielmehr einfach Kontrollinstrumente der Baath-Partei über die anderen zugelassenen politischen Gruppen, die als solche weder in Erscheinung treten noch aktiv werden dürfen.

5. „Bruder Oberst" hat das letzte Wort – Arabischer Sozialismus und Militarismus

Der Versuch der irakischen Kommunisten, ihre Parteizellen über die „National-Progressive Front" auf die seit eh und je dem Baath als wichtigste Einflußzone vorbehaltenen Streitkräfte auszudehnen, hat im Februar 1978 in Bagdad zur Korrektur des bisherigen pro-sowjetischen Linkskurses und indirekt zum Durchdringen des neuen religionspolitischen Kurses von Saddam Hussein geführt. Charakteristisch für die schon früher am Beispiel des nasseristischen Ägyptens aufgezeigte Bindung des säkularen Arabischen Sozialismus an ein militärdiktatorisches System, demgegenüber die Re-Islamisierung breitesten Bevölkerungsmassen geradezu als Erlösung erscheinen muß, waren dann gleich darauf die ideologischen Auslassungen der amtlichen Bagdader „At-Thauwra" (Die Revolution), mit denen die Armee ein für allemal als wichtigstes Instrument der Baath-Partei, als deren exklusive Einflußsphäre in Anspruch genommen wurde.

Ein Arabischer Sozialismus ohne Militär ist eigentlich nur in Tunesien aufgebaut worden, wo die Persönlichkeit Bourguibas, Parteiapparat und der gleichgeschaltete Gewerkschaftsbund „Union Générale Tunisienne de Travail" (UGTT) in Zusammenspiel mit Polizei und Geheimdienst zur Sicherstellung der nötigen „Solidarität" bisher ausreichten.

Auch in Libyen ist trotz aller schönen Theorien von der direkten islamischen Demokratie das alte militaristische Machtgefüge beibehalten worden. Entscheidend war nicht die „Arabische Sozialistische Union" und ist nicht der „Allgemeine Volkskongreß", sondern damals wie jetzt einzig und allein der „Ach il-aqid", der „Bruder Oberst" Muamer al-Gaddafi. Dieser Sachverhalt ist von ihm selbst im „Grünen Buch" ungeschminkt zugegeben worden: „Aber in der Realität herrscht immer der Starke." Und so ist es auch praktisch bedeutungslos, daß Gaddafi die politische Führung der libyschen Dschamhuria 1979 formell an Abdel Ami al-Abeidi abgegeben hat.

6. Fortschritt oder Klassenkampf –
Der marxistische Überbau

Die engen Beziehungen der meisten arabisch-sozialistischen Parteien und ihrer Staaten zum „sozialistischen Lager" des Kommunismus haben zu dem allgemein verbreiteten, doch oberflächlichen Urteil geführt, alle arabischen Sozialisten als Fünfte Kolonne des Kreml im Nahen Osten zu betrachten, vor allem die Baathisten Syriens und des Iraks. Heute wird dieser Vorwurf von islamischer Seite mit neuer Vehemenz wiederholt. Hingegen ist der Arabische Sozialismus seiner engen Bindung an den arabischen Nationalismus und der tonangebenden Präsenz der israelischen Arbeiterpartei in den Organen internationaler sozialdemokratischer Zusammenarbeit wegen allzulange ein Stiefkind des demokratischen Sozialismus geblieben. Als sich die Sozialistische Internationale Ende der sechziger Jahre endlich entschloß, arabisch-sozialistischen Parteien einen Beobachterstatus einzuräumen, stand schon die Re-Islamisierung vor der Tür.

Die äußeren Kontakte des Arabischen Sozialismus zu den kommunistischen Parteien Osteuropas, Chinas, Nordkoreas und Vietnams hatten sich im Rahmen der antikolonialistischen und wirtschaftlichen Zusammenarbeit der arabischen Staaten mit Moskau und Peking zwischen 1956 und 1970 in auffällig starker Weise entwickelt. In Ägypten war das Vorbild der KPdSU sogar für die Gestaltung der Einheitspartei ASU richtungweisend. Besonders eng hatten sich bei allen arabisch-sozialistischen Gruppen noch die Kontakte zur tschechoslowakischen KP, den italienischen wie französischen Kommunisten entwickelt. Der syrische Baath pflegte außerdem den ideologischen Dialog mit den zyperngriechischen AKEL-Kommunisten. Bei den linksradikalen Palästinensern traten nach 1967 die Bindungen zu Peking in den Vordergrund. Die politische Achse, die Tito und Abdel Nasser aufgebaut hatten, war hingegen kaum von Parteikontakten begleitet.

Daraus darf aber keineswegs gefolgert werden, daß das politische Wiedererstarken des Islam die arabische Welt vor drohender „Bolschewisierung" gerettet hätte. Bei all diesen „Freundschafts- und Solidaritätsbanden" hat es sich um mehr oder weniger opportunistische Anbiederungen der arabischen Sozialisten an die mächtige Sowjetpartei und ihre weltrevolutionären Ableger gehandelt. Weniger leicht genommen darf zwischen Algerien und dem Irak all jenes werden, was die arabische Welt an praktischen Kommunismusanleihen in ihr Wirtschafts- und Sozialgefüge übernommen hat. Auf Ägypten – auch unter Sadat zwar nicht weitergeführt, aber ebensowenig rückgängig gemacht –, Syrien, den Irak, Libyen, Volksjemen, Algerien und in geringerem Umfang auch Tunesien trifft die Beschreibung zu, die ein sowjetisches Ideologenteam (A. Afanasiev, M. Makarova, L. Minaev) 1969 von Wirtschaftsformen gegeben hatten, die zum vollen Kommunismus hinführen:

„Sozialistische Verstaatlichung bedeutet die Enteignung der Bourgeoisie von den grundlegenden Produktionsmitteln und deren Überführung in den Besitz des proletarischen Staates. Darunter fallen Fabriken, Bahnlinien, Hochsee- und Flußschiffahrt, E-Werke, große landwirtschaftliche Besitzungen, Großhandelsunternehmen usw. Dieser große kapitalistische Besitz wird auf revolutionärem Wege übernommen und durch öffentlichen sozialistischen Besitz ersetzt. Die Verstaatlichung der Schlüsselindustrien und Banken sowie die Monopolisierung des Außenhandels ist von besonderer Bedeutung, da diese dem Staat die nötigen Mittel zur wirtschaftlichen Entwicklung im Dienste des Volkes verschaffen, die Organisation der Planwirtschaft erleichtern, die Berechnung und Verteilung der Produktion exakt ermöglichen und die ökonomische Unabhängigkeit des Landes vom Kapitalismus garantieren."

Und es ist charakteristisch, daß heute z. B. in Ägypten im Namen des Islam auf „kommunistische Atheisten" Jagd gemacht wird, während die staatswirtschaftlichen Relikte aus der arabisch-sozialistischen Ära unbestritten weiterbestehen. Ähnlich liegen die Dinge in Syrien und dem Irak, obwohl man sich auch dort weltanschaulich dem Islam geöffnet hat.

7. Präsenz im Scheitern – Bewährung und Versagen des Sozialismus

Obwohl sich in Ideologie und Bewegung des Arabischen Sozialismus mehr orientalische Christen als Muslime hervorgetan haben, sind diesem jedoch nie spezifisch christliche Werte und Vorstellungen aufgeprägt worden. Von Salama Mussa über Antun Saada und den Baath-Gründer Michel Aflak bis zu dem Kopten Michel Kamel von der ägyptischen Marxisten-Postille „At-Talia" (Avantgarde) handelt es sich um Denker oder Persönlichkeiten, deren religionsfeindliche, kulturkämpferische und antiklerikale Einstellung gar nicht zuläßt, sie als Repräsentanten ihrer Kirchen anzusprechen.

Wenn sich deren Vertreter in den arabisch-sozialistischen Regierungsinstrumenten von Kairo, Damaskus oder Bagdad wiederum in allem devot und liniengetreu einzuordnen suchten, so war das auch kein christlicher Beitrag zum Arabischen Sozialismus. Das einzige arabisch-sozialistische Schriftchen christlich-kirchlicher Provenienz wurde 1969 in Kairo von dem koptischen ASU-Politiker Kamal Ramzi Stino für den Auslandskonsum und daher gleich auf französisch verfaßt. In gesuchtem Anklang an Abdel Nassers „Philosophie der Revolution" wählte er den Titel: „Philosophie de la Nativité":

„Die augenfälligste Tatsache an der christlichen Religion der Liebe und des Gewissens ist ihr Kampf gegen die kapitalistische Ausbeutung, hingegen für die Erstellung der Grundlagen eines humanitären Sozialismus. Christus hat arm gelebt, kein anderes Erbe als seine Kleider hinterlassen. In all seinen Ermahnungen hielt er die Menschen zu einem sozialistischen Weg an: ‚Alle

Gläubiggewordenen aber hatten alles miteinander gemeinsam. Sie verkauften ihren Besitz, ihre Habe und verteilten sie an alle, je nachdem einer bedürftig war' (Apg 2, 44–45). Ebenso lehrte Christus, daß Arbeit und Produktion die einzigen legitimen Einkünfte verschaffen, die von der Kirche ihrerseits als Almosen in Empfang genommen werden dürfen. Bei ihrer Aussendung hat Jesus Christus die Apostel angewiesen: ‚Ihr sollt nicht Gold noch Silber noch Erz in euren Gürteln haben' (Mt 10,9). Im Kirchenrecht haben die Ermahnungen Jesu Christi ihren Niederschlag gefunden, keine Spenden von einer Person anzunehmen, die ihren Lebensunterhalt nicht durch rechtschaffene Arbeit bestreitet. Das kanonische Recht verurteilt alle gesellschaftlichen Verhältnisse, die auf der Ausbeutung beruhen; es bekräftigt die Unterstützung der Kirche für die ungerecht ausgebeutete Klasse; schließlich verurteilt es kategorisch die Anhäufung von Vermögenswerten, die nicht auch dem Wohle anderer dienen.

Niemand, der den Sozialismus aus seinem Glaubensleben zu verbannen trachtet, kann Christ sein. Wenn verschiedene christliche Länder diesen Grundsätzen unter dem Vorwand der Trennung von Kirche und Staat den Rückgen gekehrt haben und behaupten, das Christentum mit seinen sozialistischen Grundlagen sei ‚nur' eine Religion, während der Staat die von ihr unabhängige Regierungsgewalt verkörpere, so tun sie das zur Verteidigung ihres Kapitalismus und ihrer kolonialistischen Systeme, gegen die das Christentum ankämpft und gegen die schon Jesus Christus zum ersten Mal Gewalt angewendet hat. Sprach er doch zu den Händlern im Tempel die unvergänglichen Worte: ‚Mein Haus soll heißen ein Bethaus allen Völkern! Ihr aber habt eine Mördergrube daraus gemacht' (Mk 2,17).''

Die eigentliche Sendung des Arabischen Sozialismus hätte vielmehr darin bestehen können, unter Aufgabe klerikal islamischer wie orientalisch-christlicher Positionen, doch ohne verbohrten Antiklerikalismus die in diesem Raum allzu lange verschütteten Werte von Menschlichkeit, Demokratie und Toleranz zu befördern. Der ,,Asian Socialist Conference", die von

Burmas Hauptstadt Rangun aus in den fünfziger Jahren den demokratischen Sozialismus des großen Kontinents zu koordinieren suchte und dabei ebenso eindrucksvolle wie unbeständige Erfolge aufzuweisen hatte, gehörten nur die „Progressiven Sozialisten" Libanons als Gründungsmitglieder an. Tunesiens Neo-Destur hatte Beobachter zu der ersten Konferenz in Rangun vom 6. bis 15. Januar 1953 entsandt, ebenso die damalige „Algerische Volkspartei". Als „Bruderparteien" wurden von der „Asian Socialist Conference" weiter die Baath-Sozialisten und die alten irakischen Nationaldemokraten geführt. Den Weg zu voller Mitgliedschaft der „Sozialistischen Internationale" in London haben nur die „Volkssozialisten" von Aden gefunden. Inzwischen mußte aber diese vor und noch kurz nach der Unabhängigkeit der „Demokratischen Volksrepublik Jemen" unter den Hafenarbeitern einflußreiche Partei längst dem Monopol der südjemenitischen NLF weichen.

Vor allem ist aber die Möglichkeit versäumt worden, einen Nahostfrieden auf der Basis von Brückenschlag zwischen den israelischen und arabischen Sozialisten in die Wege zu leiten. Bedarf doch die Palästinafrage in erster Linie weder einer politischen noch einer militärischen, sondern einer menschlichen und sozialen Lösung. Weder ist Israel auf lange Sicht mit militärischen Sicherheiten noch den Arabern mit weitgehender Rückgabe ihrer 1967 verlorenen Gebiete und beiden Seiten nicht mit einem amerikanischen Friedensdiktat gedient, solange der humanitäre Aspekt des palästinensischen Flüchtlingsproblems auf der einen und der arabischen Juden auf der anderen Seite und das soziale Problem der Araber in Israel keine Berücksichtigung finden. Zwischen arabischen und israelischen Sozialisten hätte sich eine Einigung darüber aufdrängen sollen. Man tat es nicht – und heute regieren die religiösen Eiferer auf beiden Seiten. [...]

III. Die vitale Diesseitsreligion – Der Islam will die Welt verwandeln

1. Mehr Staatsmann als Prophet – Die Theokratie Muhammads

Nach dem Glauben eines jeden Muslims wurde der Prophet Muhammad (c. 570–632) zu den Menschen gesandt, um sie in der Verehrung des einen und einzigen Gottes zu vereinen. Der theologische Kern dieser Botschaft wurde von Muhammad schon verhältnismäßig früh in seiner Heimatstadt Mekka entwickelt und verkündet.

Die islamische Zeitrechnung beginnt aber erst 622 mit der Hidschra, dem Auszug Muhammads und seiner ersten Anhänger nach Medina. Der Islam wurde nicht mit der Verkündigung Muhammads, sondern mit Bildung der ersten theokratischen Gemeinde und Neuordnung der gesellschaftlich-politischen Verhältnisse in Medina geboren. Hier entstand die Keimzelle der heute weltweit und Hunderte Millionen stark gewordenen Muslim-Kommunität. Muhammads Bedeutung und Originalität liegt nicht so sehr in seiner monotheistischen Lehre wie den sozialen Konsequenzen, die er aus seiner Grundeinsicht Ein Gott – Ein Glaube – Eine Menschheit gezogen hat.

Die islamische Urgemeinde von Medina war auf dem Prinzip der Verbrüderung aufgebaut, wie es auch in der Sure 49, Vers 10 heißt: „Die Gläubigen sind nichts als Brüder." Jeder der Neubekehrten von Medina, die „Ansar", die Helfer des Propheten, schloß Bruderschaft mit einem Flüchtling aus Mekka. Sie teilten Tisch und Dach mit den Neuankömmlingen, die ihnen ihrerseits im Geschäft oder auf dem Feld an die Hand gingen. Für die Alten und Kranken wurde die Fürsorge der Gemeinde gesichert.

Verbrüderung auch zwischen feindlichen Stämmen wie den Auws und Chazradsch. Muhammad glaubte zunächst, in seine Botschaft der Einigung auch die Juden von Medina, die Banu Qaynoqaa, Banu Nadir und Banu Qorayza nach dem Grundsatz „Ihnen ihre Religion – und den Muslimen die ihrige" einbeziehen zu können. Das auf der Basis völliger Gleichheit. Erst das spätere Zusammengehen dieser arabischen Juden mit Muhammads Feinden in Mekka veranlaßte den Propheten zur Revision seiner ursprünglich ausgesprochen juden- und auch christenfreundlichen Haltung. Aus der Gleichberechtigung mit den Muslimen in ein und derselben Gemeinschaft wurde ein Unterordnungs- und Schutzverhältnis (Dhimma). Parallel distanzierte sich Muhammad auch religiös in den späteren medinensischen Suren vom Juden- und Christentum, während er früher die Einheit der drei Religionen angestrebt haben dürfte.

Als der Prophet 630 im Triumph nach Mekka zurückkehrte, war sein religiöses wie politisches System fest ausgeprägt. Er nahm von der Heiligen Stadt als gotterwählter Führer Besitz. Der Stil seines Regiments war aber recht demokratisch, und kein Entschluß wurde ohne vorherige Beratung mit seinen Getreuen gefaßt. Die islamische Reformtheologie der Jahrhundertwende hat auf diese Praxis verwiesen, um darin Bestätigung für ihr Bemühen um eine „Islamische Demokratie" zu finden. Muhammad selbst war bis zu seinem Tode 632 als innerer und äußerer Friedensstifter am Werk, zeichnete sich durch Wahrheitsliebe und Freimütigkeit aus, lebte einfach und bescheiden, pflegte auf den Kriegszügen sein Gepäck selbst zu tragen. Er ist das Idealbild jedes islamischen Herrschers und Führers geblieben.

2. *Dschamia und Kalifat –*
Islamische Gemeinde- und Staatsstruktur

Nach Muhammads Tod blieben die von ihm geprägte Glaubens- und Betergemeinde, die „Dschamia" (von arab. dschamaa, versammeln), und das Amt seiner religiös-politischen Nachfolge, das „Kalifat" (von arab. Khalifa, Nachfolger), für die islamische Gesellschafts- und Staatsordnung richtungweisend. Ein Nationalismus westlicher Prägung widersprach der universellen Grundidee des Islam. Ein Dogma, das freilich nur in der islamischen Frühzeit volle Geltung hatte. Sehr bald haben sich dynastische, militärische oder sonstige territoriale Interessen darüber hinweggesetzt, wurde der soziale und demokratische Gehalt der islamischen Doktrin von den Sozialauffassungen der persischen und byzantinischen Autokratien überwuchert. Verfallserscheinungen traten ein, die auch zum äußeren Niedergang des islamischen Reiches, zur ersten kalifenlosen Zeit nach der Eroberung von Bagdad durch die Mongolen 1258 und zur Übernahme des Kalifats durch die türkischen Sultane 1517 bei der Eroberung Ägyptens führten.

Sowohl der Reform-Islam der jüngsten Vergangenheit wie die neue Re-Islamisierung greifen auf den frühen Islam vor diesen „dekadenten Jahrhunderten" zurück. Der Ideologe der algerischen Re-Islamisierung, Malik Bennabi, will den Verfall der islamischen Gemeinschaft schon mit dem 14. Jahrhundert angesetzt wissen: „Während dieser langen Periode wurden alle Gesellschaftsformen in der Welt des Islam statisch; seit Jahrhunderten war der islamische Geist unfähig, die äußere Hülle von Phänomenen zu durchdringen."

Auch aus der Sicht der pakistanischen Islamreform wurde der Vorwurf, daß der Islam eine fortschrittsfeindliche Religion sei, zurückgewiesen. Präsident Ghulam Muhammad (gest. 1956) wollte diese Unterstellung nur für einen „mißbrauchten Islam" gelten lassen:

„Während der letzten tausend Jahre hat der Islam unter dem Despotismus gelitten. Er war ein Werkzeug in den Händen von Despoten geworden, die von Feudalherren, aber auch von korrupten Priestern unterstützt wurden."

Und der große islamische Reformer Dschemal ed-Din al-Afghani hat schon im 19. Jahrhundert darauf hingewiesen, daß korrupte islamische Staatswesen nicht dem Islam als solchem zur Last gelegt werden dürften. Schließlich sei der – damalige – Kirchenstaat auch nicht gerade ein Muster der kirchlichen Staats- und Soziallehre!

So wird heute im Zuge der Re-Islamisierung wieder scharf zwischen Muslimstaaten islamischer Bevölkerungsmehrheit und dem „koranischen" oder islamischen Staat unterschieden.

Um als islamisch oder koranisch zu gelten, muß ein Staat den grundlegenden, von Muhammad verkündeten Prinzipien entsprechen und auf die der „Umma" (arab. Nation, doch besonders die gesamtislamische Ökumene) von Gott erteilten Weisungen Bedacht nehmen. Als eine Art von islamischem Grundgesetz wird dafür Vers 59 der vierten Koran-Sure herausgestellt:

„Gläubige! Gehorchet Gott, dem Propheten und jenen unter euch, die an der Macht sind; wenn unter euch Streit entsteht, gehet zurück zu Gott und zum Propheten; wenn ihr an Gott und an den Jüngsten Tag glaubt, so ist dies die richtigste Auslegung."

Im Zuge der modernistischen Reformrichtung ist dieser Grundsatz eher demokratisch und fortschrittlich interpretiert worden, so etwa in den acht Merkmalen eines wirklich islamischen Staates, wie sie von der pakistanischen Muslim-Liga unter Khaliq uz-Zaman 1950 aufgestellt wurden:

1. Der Staat besteht für die Umma in ihrer Gesamtheit und nicht nur für ein begrenztes Gebiet.
2. Die Staatsführung muß durch Wahl bestellt werden.
3. Sie hat die Umma in den Angelegenheiten zu leiten, worüber der Koran keine Weisungen enthält.
4. Ein dem göttlichen Gesetz widersprechendes Verhalten der Staatsführung bindet die Umma nicht.
5. Es besteht keine bestimmte Zeitperiode für die Funktionen der Staatsführung.
6. Da das Gebot an alle Gläubigen gerichtet ist, muß der Kreis der Wahlberechtigten möglichst weit gezogen werden.
7. Frauen sind vom Wahlrecht nicht ausgeschlossen.
8. Der Staat muß frei von jedem ausländischen Einfluß sein.

Heute hingegen ist in Pakistan eine ausgesprochen reaktionäre Militärdiktatur an der Macht, deren „islamischer Charakter" sich in Wiedereinführung der mittelalterlichen Körperstrafen des Schariatsrechtes erschöpft.

Eine ähnliche Regression von demokratischem Geist zu autokratischen Leitbildern ist auch bei den Bemühungen um eine

Wiederherstellung des islamischen Kalifats festzustellen, der höchsten Führungsinstanz der Umma in der Nachfolge des Propheten Muhammad (Chalifat rassul Allah). Dieses Amt war während der türkischen Führung im Weltislam neben dem Sultanat völlig in den Hintergrund getreten. Erst der panislamisch eingestellte Abd al-Hamid II. (1876–1909) war aufs neue bemüht, sich über die Grenzen seines Reiches hinaus bei allen Muslimen die Anerkennung als Kalif zu sichern. In der zu Beginn seiner Herrschaft erlassenen Konstitution wurde festgelegt:

„Seine Majestät, der Sultan, ist in seiner Eigenschaft als Kalif Schirmherr der islamischen Religion."

Als die Türkei im November 1922 eine Republik wurde, sollte das Kalifat als eine geistliche Institution weiterbestehen. Doch schon im März 1924 fiel es der kemalistischen Laizierungspolitik zum Opfer. Dabei hatte gerade die Idee eines entpolitisierten Kalifats in der islamischen Welt starken Widerhall gefunden, so besonders bei der in Indien 1919 gegründeten „All India Khilafat Conference". In Ägypten schlug der Modernist Raschid Reda schon 1922 in seiner Abhandlung „Al-Chilafa auw al-Imama al-uzma" (Das Kalifat oder allgemeine Imamat) überhaupt eine kollegial-demokratische Neuordnung des Kalifats in Gestalt eines „Obersten Islamischen Rates" vor.

Seine Ideen wurden aber auf dem vom 13. bis 19. Mai 1926 am Kairoer Al-Azhar versammelten Kalifats-Kongreß von konservativen Theologen zugunsten eines personalen Kalifats zurückgewiesen, das einem prominenten islamischen Herrscher überantwortet werden sollte. Die Könige Fuad und Faruk von Ägypten liebäugelten beide mit dieser Würde, während die indischen Muslime schon damals König Ibn Saud als neuen Kalifen vorschlugen.

Wurden von diesem verschiedene Kalifatsangebote noch zurückgewiesen, so arbeitete dann der große König Feisal konsequent auf ein saudisches Kalifat hin. Seine Ermordung am 25. März 1975 brachte der saudiarabischen Kalifatsbewegung zunächst einen Rückschlag, doch haben weder König Chaled noch Kronprinz Fahd dieses Fernziel aus dem Auge verloren.

3. Ibn Khaldun – Die klassische islamische Soziallehre

Als eine in erster Linie auf die Regelung des diesseitigen Lebens ausgerichtete Gesetzesreligion hat der Islam seit seinem Entstehen mehr politische Gestaltungskraft als andere, das Diesseits mehr oder weniger verneinende Religionen bewiesen. Das soll nicht heißen, daß der Islam keine Bindung und Hinführung zum Jenseits darstellt. Doch erscheint auch die andere Welt nur als eine Fortsetzung, Übersteigerung dieser Welt, steht in keinem Gegensatz zu ihr. Kein Sündenfall und keine Schuld trennen im Islam Himmel und Erde, es gibt weder Heil noch Erlösung, wie das schon im 9. Jahrhundert der manichäische Islam-Kritiker Ibn al-Mukaffa herausgestrichen hat.

Die islamische Doktrin manifestiert sich daher nicht nur als Religion und Moralsystem, sondern vor allem als Rechtsordnung für das tägliche Leben mit einem Totalanspruch an ihre Anhänger. In dieser sakralen Rechtsordnung, der Scharia, ist dem Sozial- und Arbeitsrecht von Anfang an ein wichtiger Platz eingeräumt worden. Sind die Beziehungen zwischen Kapital und Arbeit nach den im „Hadith" gesammelten Aussprüchen des Propheten Muhammad auch noch nicht mit Terminologie und Akribie moderner Soziologen festgelegt, so finden sich doch sowohl bindende Normen, die das Verfügungsrecht über jede Art von Vermögen beschränken, wie hohe Anerkennung des ethischen Wertes der Arbeit. Dem Arbeiter wird freie Wahl seines Beschäftigungsverhältnisses, gerechter Lohn und die Wahrung seiner Würde verbrieft. Die ausgesprochen soziale Einstellung des Islam hat nicht wenig zum Siegeszug der arabischen Expansion im byzantinischen und iranischen Feudalreich beigetragen.

Es dauerte dann nicht lange, bis sich unter den verschiedenen islamischen Rechtsschulen und Konfessionen eine besonders sozial, fast kommunistisch gefärbte Richtung entwickelte, die „Qaramita". Diese Karmatier errichteten im späten 9. Jahrhundert einen vom Kalifen so gut wie unabhängigen kommunistischen Staat im Südirak. Ihre Ideen von sozialer Gleichheit und Gerechtigkeit in Verbindung mit einer monistischen Philosophie durchdrangen die gesamte mittelalterliche islamische Welt. Obwohl von der orthodoxen Sunna als Ketzer verurteilt, haben die Karmatier die Herausbildung einer regelrechten islamischen Soziallehre unterschwellig stark beeinflußt.

Zunächst war hier eine eher „bürgerliche", an der aristotelischen Philosophie orientierte Schule vorherrschend gewesen, die schon frühzeitig von Al-Farabi (c. 870–950) begründet worden war. Seine im „As-Sijassat al-madania" (Die bürgerlichen Politiken), einer Art islamischem Handbuch der Staats- und Sozialwissenschaften, vertretenen Thesen stellten den Individualismus höher als die soziale Verantwortung.

Es war dann Ibn Khaldun von Tunis im ausgehenden 14. Jahrhundert, der mit seiner „Muqaddima" (Vorrede) die islamische Soziallehre in ein abgerundetes System brachte. Er schrieb:

„Die menschliche Gesellschaft ist eine Notwendigkeit, und die Philosophen bringen die Wahrheit zum Ausdruck, wenn sie sagen, daß der Mensch ein von Natur soziales Wesen ist, das eine Gesellschaft oder einen Staat braucht."

Diese islamische Soziallehre basiert voll und ganz auf der freiwilligen sozialen Haltung des Gläubigen sowie dem Recht eines jeden Menschen auf Religion, Leben, Familie, Besitz und freies Handeln. Der Privatbesitz ist heilig, legt seinem Eigentümer aber die religiöse und moralische – nicht gesetzliche – Verpflichtung auf, Notleidende, religiöse Werke, Wohltätigkeits- und Bildungswesen zu unterstützen. Enteignungen an Liegenschaften sind nur zugunsten von Moscheen und Schulen zulässig, in Notzeiten auch Requirierungen durch die Obrigkeit gestattet, aber das nur von beweglichen Gütern. Ganz modern hören sich Ibn Khalduns Forderungen nach Wahl der politischen Führung auf möglichst breiter Basis, dem Recht auf Volkswiderstand gegen ungerechte Gesetze und Regierungen sowie nach Solidarität reicher, hochentwickelter Völker mit armen und unterentwickelten Nationen an.

In der Praxis kommen die freiwilligen Prinzipien der islamischen Soziallehre in der Wohlfahrtsabgabe des Zakat (zwischen 5 und 10%) zur Anwendung. Dieser traditionelle soziale Regulator in der islamischen Gesellschaft wird heute im Zuge der Re-Islamisierung wieder überall eingeführt. Das moderne Zakat-System stammt von dem indischen Muslim Farishta G. de Zayas und enthält unter anderem die folgenden Bestimmungen:

„1. In Übereinstimmung mit Vers 103 der neunten Sure des Koran und den im „Hadith" überlieferten Anweisungen des Propheten hat die islamische Institution des Zakat in der gesamten Muslimwelt als organisierte Einrichtung unter der verantwortlichen Aufsicht der islamischen Regierungen und eines internationalen Kontrollrates etabliert zu werden.

2. Zur Einhebung der Zakat-Abgaben und Verteilung der Zakat-Mittel sollen Zakat-Zentren in allen Dörfern, Orten und Städten der islamischen Ökumene eingerichtet werden.

8. [...] Art und Umfang des zur Wohlfahrtssteuer verpflichtenden Besitzes (Silber, Gold, Banknoten, Edelsteine, Handels- und Produktionskapital, Agrarprodukte, Nutztiere usw.) sind von den Zakat-Zahlern freiwillig dem zuständigen Zakat-Zentrum mitzuteilen.

15. Die Zakat-Beamten haben diese Informationen der Zakat-Zahler über ihr produktives Vermögen mit größter Vertraulichkeit zu behandeln [...].

20. Unter normalen Umständen haben die Zakat-Beamten absolut kein Recht, Nachforschungen über den nicht offenkundigen Besitz eines Muslims anzustellen.

21. Offenkundiger Besitz darf unter normalen Verhältnissen von den Zakat-Beamten überprüft werden.

23. Es ist die Regel, den Zakat direkt in Form der besteuerten Güter zu entrichten (Edelmetalle, Geld, Waren, Nahrungsmittel usw.)

27. In unserer Zeit soll der Zakat völlig getrennt von allen anderen Abgaben, Steuern und Zöllen eingehoben werden.

50. Niemals und mit keiner Ausnahme dürfen Zakat-Mittel von den Beamten zurückgehalten werden, wenn es ihrer Bedürftige gibt.

58. Alle Ersuchen um Zakat-Unterstützung, die nicht über die augenblicklichen Bedürfnisse an Nahrung, Kleidung, medi-

zinischer Hilfe und Unterkunft hinausgehen, müssen sofort und ohne Nachforschungen erfüllt werden [...].

61. [...] Der Geist der Menschlichkeit und der islamischen Nächstenliebe gebietet, daß in Notsituationen und bei Fehlen anderweitiger, sofortiger Unterstützung Nahrungsmittel, Bekleidung, medizinische Assistenz und Unterkunft auch Nicht-Muslimen unverzüglich gewährt werden. Der Gegenwert dieser Leistungen muß aber früher oder später von staatlicher Seite oder von den Unterstützten selbst in den Zakat-Fonds refundiert werden.

62. Die Zakat-Mittel werden als regelmäßige Unterstützung an ständige Anspruchsberechtigte sowie in Form temporärer Hilfeleistung und für bestimmte Fälle entrichtet. Dabei zählen zu den a) Ständigen Anspruchsberechtigten: Hilflose, unheilbare, kranke und körperlich sowie geistig behinderte Personen von jedem Alter und Geschlecht, Witwen und Waisen; ferner Spitäler, Ambulanzen, Waisenhäuser, Schulen und alle Arten von sozialen Institutionen. – b) Temporären Anspruchsberechtigten: Opfer von Katastrophen, Heimkehrer aus der Kriegsgefangenschaft; aber auch Werke der legalen Verteidigung der Muslimländer und -völker, wie Festungsbauten, Waffenlieferungen usw. – c) Fallweisen Anspruchsberechtigten: Flüchtlinge, Schuldner, Wallfahrer, arme Verstorbene ohne Mittel für ihre Beisetzung; die Neugründung von sozialen Institutionen.

76. Zakat-Mittel dürfen niemals auf irgendeine Weise kommerziell angelegt werden."

4. Postsparen ist erlaubt – Die „modernistischen" Theologen

Im islamischen Denken war immer die Bereitschaft vorhanden, zeitgenössische Erscheinungen kritisch zu betrachten, sie aus dem Geist eines recht verstandenen Islam zu bewältigen. Die bisher größte Herausforderung des traditionellen islamischen Geistes begann jedoch mit der napoleonischen Expedition nach Ägypten 1798 sowie der Festigung der britischen Herrschaft über Indien. Die Hochschulgründung von Kalkutta 1811 und die Einrichtung wissenschaftlicher Institute in Kairo während der zeitweiligen französischen Besetzung brachten neue Ideen dorthin, wo man bisher nur die überlieferten Wissenschaften mittelalterlicher Prägung zu pflegen gewohnt war.

Das Osmanische Reich war durch diplomatische Missionen mit Europa bekannt geworden, in Ägypten führte der nach Unabhängigkeit strebende Muhammad Ali bisher unerhörte Reformen ein. Eine Gruppe von Übersetzern, an ihrer Spitze der arabische Frühsozialist Tahtauwi, befaßten sich mit neuen Problemen, fanden die Ideen der europäischen Aufklärung vor, wurden mit der Weltgeschichte und revolutionären Theorien vertraut. Die große Frage lautete: Wie können Reformen auf dem Gebiete der Verwaltung, der militärischen Rüstung, der Hygiene durchgeführt werden, ohne das geoffenbarte Gesetz, die Scharia, anzugreifen? In Syrien und Libanon hatten Christen bereits längst sich europäische Sprachen und damit zusammenhängend die damalige moderne Bildung erwerben können. Für sie bestand das angeführte Problem nicht. Sie waren es daher, die Muhammad Ali für die Reformen in seinem Machtbereich heranzog. Ihre Tätigkeit hat zum großen Teil mitgeholfen, Ägypten ein neues Gesicht zu verleihen.

Im islamischen Indien kam der Hauptanstoß durch die vergebliche letzte Anstrengung, 1857 den unabhängigen Mogul-Staat wiederherzustellen. Man wurde sich dessen bewußt, daß man nur wieder zur Geltung kommen konnte, wenn man sich die europäische Wissenschaft aneignete. Auf diesem Gebiet lag das Wirken des Sayyid Ahmad Khan (gest. 1898), der 1875 das Aligarh-College im Stil einer europäischen Hochschule eröffnete. In seinen Theorien über den Islam hielt er an der göttlichen Offenbarung des Korans durch Muhammad fest und verwarf keine der als echt geltenden Aussprüche des Propheten. Schrift und Überlieferung fügte er jedoch den Gebrauch der Vernunft hinzu, in deren Licht die Offenbarung auszulegen sei. Religion habe die „Natur" als Basis und müsse zuallererst mit dieser und nicht mit den Überlieferungen bestimmter, im Laufe der Geschichte entstandener Schulen übereinstimmen. Rationalistische Ideen waren Ahmad Khan wohlvertraut, und beim Studium des Islam, so wie er ihn verstand, fand er, daß dieser schlechthin die „Religion der Vernunft" sei und damit berufen, seinen Anhängern den Weg in eine Zukunft zu eröffnen, die sie unbeschadet ihrer Treue zum islamischen Glauben in modern-europäischem Sinne aufbauen könnten. Dies sollte später der Weg zum modernen Pakistan werden. Ahmad Khans ganzes Wirken war auf eine Synthese zwischen der als überlegen empfundenen Kultur des Abendlandes und dem als religiöse Daseinsdeutung zu bewahrenden Islam angelegt.

Mit revolutionärer Gesinnung gegen die Machtzunahme der großen Kolonialstaaten Europas und voll glühendem Eifer für die Religion des Islam trat hingegen der Reformtheologe Dschemal ed-Din al-Afghani (1838–1897) auf. Er kam aus Afghansistan, lernte die indische Reformbewegung kennen, betätigte sich als Philosoph, Schriftsteller, Redner, Journalist und Politiker. Er hielt sich in Europa auf, gelangte selbst nach Amerika und wählte zum Hauptschauplatz seiner Tätigkeit Ägypten und Stambul. Sein zentrales Anliegen war: Wie konnte der Niedergang des einst zu weltweiten Eroberungen und kultureller Weltgeltung fähigen Islam aufgehalten und wieder ins Gegenteil verkehrt werden? Unter dem Einfluß der Religionsbetrachtung Renans sah Afghani den Grund für die beispiellose Erniedrigung islamischer Völker und Staaten im Islam selbst. Als gläubiger Muslim warf er die Religion aber nicht über Bord, sondern suchte nach Wegen zu ihrer inneren Erneuerung. Dschemal ed-Din sprach davon, daß der Islam einen „Luther" brauche, der sich diese Reform zur Aufgabe machen müsse. An europäischen Denkern und Geschichtsphilosophen waren ihm hauptsächlich die Theorien von Comte und Spencer bekannt. Ihnen zufolge war es die im Christentum herrschende Schicht der Feudalherren und des Klerus gewesen, die sich jedem Fortschritt gegenüber als Hemmschuh gezeigt hatte. Afghani fand, daß es diese Erscheinung im Islam eigentlich nicht gegeben habe und daher eine revolutionäre Umwandlung der islamischen Welt eher schädlich sein müsse. Auf alle Fälle müsse der Islam vor dem Materialismus geschützt werden.

Diesem Anliegen widmete er sein Hauptwerk „Ar-Radd ila ad-dahrijin" (Widerlegung der Materialisten), das 1879 zuerst persisch, dann oft in arabischer Übersetzung erschienen ist. Die Schrift ist bezeichnend dafür, mit welcher Begeisterung Afghani den Islam verteidigt hat. Bei nicht allzu tiefer Kenntnis der damaligen Ergebnisse naturwissenschaftlicher Forschung lehnt er deren allzu rasch verbreitete religiös-philosophischen Folgerungen ab. Genauso wird aber auch blinder Glaube auf Grund althergebrachter Tradition verworfen. Dschemal ad-Din sagt am Schluß seines Buches:

„Der erste Pfeiler, auf dem die Religion des Islam beruht, ist Schärfung der Denkkraft durch die gründlich verfeinerte Lehre über den Eingottglauben, wobei der Verstand von der Befleckung durch die Einbildungskraft gereinigt wird."

Afghani wollte unter den islamischen Theologen eine bessere Erkenntnis des Wesentlichen am Islam schaffen und sie befähigter machen, die Rechte der islamischen Völker energisch zu vertreten. Ihm lag die einmütige Geschlossenheit aller Muslime am Herzen. Ist Dschemal ed-Din damit zum geistigen Vater des heutigen Panislamismus geworden, so darf er keineswegs für die damit Hand in Hand gehende traditionalistische Re-Islamisierung in Anspruch genommen werden. Afghani hatte vielmehr im Sinne wahre Fortschrittsideen echter Freiheit des Individuums im Staat und Hebung der Lebenshaltung durch vernünftige Reformen.

Der bedeutendste Schüler Afghanis war dann der im Gesamtislam einflußreiche Ägypter Muhammad Abdu (gest. 1905). Die Umwelt in seiner Heimat war bereits in voller Umwandlung begriffen. Moderne Gesetzbücher wurden geschaffen, traditionelle Lebensformen änderten sich. Seit 1870 wurden in Ägypten vor allem durch die rührigen maronitischen Christen zahlreiche Presseorgane ins Leben gerufen, die ständig europäische Ideen verbreiteten. Es tauchte die Frage auf, ob man unter diesen Umständen überhaupt noch als echter Muslim leben könne. Muhammad Abdu sah die Gefahr und suchte nach Wegen, um der Vernichtung des religiösen Lebens vorzubeugen. Zwei Bücher zeigen sein Ringen und seine Ziele:

„Rissala at-tauhid" (Sendung des Eingottglaubens) und „Al-Islam wa an-Nasrania" (Der Islam und das Christentum). In erster Linie Auseinandersetzungen mit den orientalischen Christen, die in allen Äußerungen des Abendlandes „la civilisation chrétienne" sahen, an der teilzuhaben sie sich besonders berufen glaubten. Von ihnen ging, wie man heute noch bemerken kann, die verächtliche Betrachtung alles Islamischen aus. Aus der amerikanischen Presbyterianer-Universität in Beirut waren auch publizistisch tätige Ärzte hervorgegangen, die vor der Jahrhundertwende die materialistische Weltanschauung Büchners, Haeckels, der anderen Materialisten und Monisten in arabischer Sprache bekanntmachten. Muhammad Abdu sagte sich mit Recht, daß nur eine moderne islamische Theologie imstande sei, dieser Bedrohung des Islam die Stirn zu bieten.

So entwickelte er den islamischen „Modernismus", der sich gegen den „Dschumud", die „Erstarrung" des islamischen Lehr- und Lernbetriebes wandte. Kairo besaß wohl die seit dem 10. Jahrhundert bestehende Hochschule des Al-Azhar, doch fehlte allen, die sie besuchten, schon eine allgemeine Vorbildung. Als Bedingung für die Aufnahme wurde auswendige Kenntnis des gesamten Korantextes verlangt, von allem übrigen brauchte der angehende Theologe keine Ahnung zu haben. Es wurden Exegese des Koran, islamisches Recht, die arabische Sprache und Literatur gründlich gelehrt, doch ohne jede moderne wissenschaftliche Methode. Muhammad Abdu hingegen forderte, daß man sich nicht einfach bei Darlegung der islamischen Lehre auf frühere theologische Größen berufen dürfe; der einzelne müsse vielmehr imstande sein, selbständig die heiligen Texte zu erforschen, ihren Sinn wirklich zu verstehen. Man müsse kühn und frei denken, aber dennoch betend innerhalb der islamischen Gemeinde verharren. Die Religion müsse im Geist der ersten Generation nach dem Propheten Muhammad verstanden werden. Abdu beruft sich auf den Ausspruch des großen mittelalterlichen Theologen al-Ghazali: „Alles durch den Verstand prüfen, der Waage Gottes auf seiner Erde!" Aus dem von Europa kommenden Wissen muß das Wertvolle übernommen und das Mindere ausgesondert werden.

Muhammad Abdu versuchte zu beweisen, daß – im rechten Licht besehen – die Religion des Islam stets wissenschaftsfreundlich gewesen ist, daß sie ausreicht, um die Geheimnisse des Daseins zu erklären. Der Islam ruft dazu auf, feststehende Wahrheiten zu respektieren, nach denen sich das persönliche Verhalten zu richten hat.

Trotz aller Hochachtung vor der Vernunft muß es jedoch eine durch Propheten erfolgte Offenbarung Gottes geben, da die menschliche Vernunft, wie die Geschichte beweist, nicht allein die Kraft besitzt, jederzeit das Wahre und Gute zu erkennen, weil die Leidenschaften Hemmnisse für die Erkenntnis bilden. Die Vernunft sagt nur, *wer* der rechte Prophet ist. Da nicht jedem einzelnen alle Fragen klar sind, so erfordert dies eine allgemeine Übereinstimmung (Idschtima) über die Lehre und die Gebote des Islam.

Auch die Hauptkultgesetze des Islam, wie das fünfmalige Gebet, die Wallfahrt nach Mekka, das Ramadanfasten, lassen keine Änderung zu. Die Gesetze jedoch, die den Verkehr der Mitmenschen untereinander regeln, müssen den jeweiligen Umständen angepaßt werden. Die Kleidung kann neue Formen annehmen, die Abschließung der Frau hat keinen Halt an der islamischen Offenbarung, Postsparen und Dividendenausschüttung sind kein Wucher usw. Gerade um all dies festzustellen, ist die von früheren Autoritäten unabhängige Forschung (Idschtihad) eine Notwendigkeit. Da im Islam Religionsgemeinde und bürgerliche Gesellschaft stets eine Einheit bilden, so ist die Formung der letzteren – auch für den modernistischen Islam – natürlich den religiösen Gesetzen gemäß zu planen. Staat und Gesellschaft müssen sich den – vernünftig erklärten und interpretierten – Geboten Gottes unterwerfen, tätig um das Gemeinwohl besorgt sein und dieses einheitlich achten. Mißverständnis oder Ablehnung des Islam haben beide den Verfall der Gesellschaft zur Folge. Muhammad Abdu lehrte: „Der Islam ist echte Soziologie, ein Wissen um das diesseitige wie das jenseitige Glück!"

Der Einfluß Muhammad Abdus war in der Türkei ebenso zu spüren wie in Nordwestafrika, und fast alle modernen islamischen Schriften trugen lange den Stempel seiner Geistigkeit. Auch der indische Islam hat ihn als seinen großen Lehrmeister anerkannt. Auf seinen Schultern steht Muhammad Iqbal (gest. 1938), der „Vater des Staates Pakistan". In Europa geschult, hat er seiner Auffassung des Islam ein von der modernistischen Schule Ägyptens immer unabhängigeres Gepräge gegeben. Mehr Dichter als Philosoph, ist er von der iranischen Entwicklung des Islam beeinflußt. In England hatte Iqbal den Neuhegelianismus kennengelernt. So betont er den pantheistischen Strömungen der islamischen Sufi-Mystik wie dem Hinduismus gegenüber die Persönlichkeit Gottes (das „absolute Ich") wie das Ich des Menschen. Unter dem Einfluß der Lebensphilosophie Bergsons predigte Iqbal die Selbstentwicklung des Ich, so daß es ein Segen für die Welt sein kann. Diese Selbstentwicklung wird im Islam gewährleistet, der sich als einzige von Gott gewollte Daseinsform erweist. Hier finden sich wahrer Monotheismus, ein göttliches Prophetenamt, ein Gesetzbuch, ein geographischer Mittelpunkt (die Kaaba), ein klares Ziel der brüderlichen Gemeinschaft für diese wie für jene Welt. Die Indienstnahme der Naturkräfte ist nahegelegt, und das Einzel-Ich wie die Gemeinschaft können sich gleichförmig entwickeln. Da der Islam dies alles bietet, ist für seine Anhänger ein selbständiger Staat notwendig, in dem der Nichtmuslim allerdings volle Duldung genießen muß. Iqbals Ideen waren die stärkste Triebfeder bei der Vorbereitung des unabhängigen Indiens und seiner Aufteilung in das islamische Pakistan und die Indische Union mit Hindumehrheit.

In Ägypten, dem Kernland islamischer Theologie, die nach allen Richtungen ausstrahlt, konnte die modernistische Schule Muhammad Abdus zunächst weiter erstarken. Seine Koran-Kommentierung in zeitgemäßem Geist wurde von Raschid Reda (gest. 1936) fortgesetzt. Eine Reihe seiner Schüler gab alte Texte nach modernen wissenschaftlichen Prinzipien heraus, andere legten Darstellungen des Islam mit Bezugnahme auf moderne Probleme vor.

Am bedeutendsten unter ihnen Ahmad Amin (gest. 1954); mit dem riesigen Werk „Frühzeit, Aufstieg, Mittag des Islam" hat er die gesamte Geistesgeschichte innerhalb der islamischen Theologie dargestellt. Letzter Vertreter der modernistischen Reformschule vor der traditionalistischen Wende dann der 1963 verstorbene Ashar-Groß-Scheich Mahmud Schaltut. In seinem für die gebildete Welt berechneten Werk „Der Islam, Glaube und Ethik" hat er weitgehend die modernen Grundsätze bei der Erläuterung des Koraninhaltes angewendet. Das ganze Buch atmet den Geist edler Toleranz, ist voll Festigkeit in den Dogmen, die von alten Streitfragen gereinigt sind, und sucht in der Sittenlehre Anpassung an das Zweckmäßige, ohne in libertinistische Auswüchse zu verfallen.

5. Ohne Tanz und Würfelspiel – Das puritanische Konzept des Wahhabismus

Reform und Anpassung des Islam war die eine Möglichkeit, der Herausforderung durch das allmächtige Europa des 19. Jahrhunderts mit seinem geistigen Liberalismus, doch politischem Kolonialismus zu begegnen. Der andere Weg mußte nun erst recht zu verbissenem Festhalten am äußerlichen Überlieferungsgefüge und dem Versuch führen, dessen Geltung – wenn schon nicht geistig – wenigstens politisch-militärisch durchzusetzen.

Jahrzehnte, bevor die Wahhabiten dank Gewinnung der Heiligen Städte Mekka und Medina sowie mit Hilfe des bald darauf einsetzenden Erdölbooms von der regionalen Sekte zur Weltgeltung aufstiegen, wurde im Sudan ein erster solcher Restaurationsversuch unternommen. Unter Berufung auf die in der islamischen Überlieferung verankerte und vor allem im afrikanischen Islam verbreiteten Erwartung eines endzeitlichen Erfüllers, des Mahdi, rief der Derwisch Muhammad Ahmad (1834–1885) aus dem Sammania-Orden von der Insel Abba im Weißen Nil das eschatologische Gottesreich strikter islamischer Observanz aus und zum Heiligen Krieg gegen alle Ungläubigen, aber auch gegen die islamischen „Neuerer" auf. Er selbst wollte den Islam nicht erneuern, sondern „reinigen", ihn in seiner alten Schlichtheit und Strenge wiederherstellen. Von seinem ersten öffentlichen Auftreten im Juli 1881 an begann sich der „Mahdismus" wie eine Sturmflut über den ganzen Sudan auszubreiten. Muhammad Ahmad fiel bald nach seinem triumphalen Einzug in Khartum 1884 einer Typhusepidemie zum Opfer, doch hat ihn seine Bewegung überlebt. Zunächst als staatliche Organisation, die 1898 unter dem Ansturm der anglo-ägyptischen Truppen zusammenbrach, und seitdem als Ansar-Sekte mit der sudanesischen Umma-Partei als politischem Arm bis in die Gegenwart. Im Mai 1970 glaubten sich die Ansari sogar stark genug für den Versuch einer Machtergreifung, die von Präsident Numeiri nur mit Mühe vereitelt werden konnte. Seitdem sind Ansaris wie Umma-Partei im Sudan in Acht und Bann getan, stellen jedoch einen idealen Nährboden für den wachsenden wahhabitisch-saudischen Einfluß in Khartum dar.

Mahdismus und Wahhabismus haben dieselbe puritanische Grundhaltung und eine ganze Menge praktischer Vorschriften gemein, die Idealisierung des frühen Islam und einen fortschrittsfeindlichen Aszetismus. Während die Mahdisten im Sudan alle Bücher mit Ausnahme des Koran verbrannten, hat man sich in Saudiarabien lange gegen die Drucktechnik als „Teufelskunst" gewehrt. Übereinstimmung auch in den Verboten von Tanz, Musik und Würfelspiel, fröhlichen Hochzeiten, Tabakgenuß und Schmuck jeder Art. Ebenso stark ausgeprägt das egalitäre Element in beiden Bewegungen, die betonte Gleichheit von arm und reich, Herr und Sklave – bei Fortbestand der Besitzverhältnisse und der Sklaverei als System –, die Möglichkeit, aus den bescheidensten Verhältnissen an die Führung aufzusteigen.

Wahhabiten und Ansari gründen eben auf dem gemeinsamen Prinzip der Ablehnung jeder Neuerung – so vor allem Gräberkult und Heiligenverehrung – im Islam. Jede Reformbewegung, jedes „aggiornamento" ist für sie „Bida", Häresie, das genaue Gegenteil von Sunna. Die schafiitische Rechtsschule des Islam hingegen, die in erster Linie in Ägypten verbreitet ist und von 1724 bis 1870 auch die höchste islamische

Lehrautorität, den Groß-Imam des Kairoer Al-Azhar, gestellt hat, unterscheidet viel differenzierter zwischen notwendigen, empfehlenswerten, zulässigen und tatsächlich verbotenen Neuerungen im Islam. Notwendig (fard kifaja) sind Fortschritte in der Koran-Exegese auf Grund neuer philologischer Erkenntnisse oder die kritische Sichtung des Traditionsgutes, alle dogmatischen Entwicklungen, die sich zur Verteidigung der Orthodoxie gegen Irrlehrer ergeben; empfehlenswert ist alles (mandub), was mit neuen Wegen des Schul- und Ordenswesens zusammenhängt; zulässig (mubah bzw. makruh) die Dekoration von Moscheen und Koranen, Dispense von den Abstinenz- und Fastengeboten; strikt verboten nur die Neuerungen ausgesprochen häretischer Systeme in Widerspruch zum orthodoxen Islam.

Ein Musterbeispiel für die Zurückweisung einer berechtigten Reform durch die Re-Islamisierung wahhabitischen Geistes ist die Auseinandersetzung um den Kapitalzins, die „Riba". Die herkömmliche islamische Doktrin hatte das Zinsnehmen sowie alle Arten von aleatorischen Geschäften verboten. Dabei handelte es sich jedoch um Eckpfeiler der modernen Sozial- und Wirtschaftsordnung. Zudem sind sich eine Vielzahl von Kommentaren und Auslegungen nie einig gewesen, was „Riba" wirklich bedeutet. Alle gingen von den sieben Worten im 275. Vers der zweiten Sure aus, wo es heißt: „Gott hat Kauf und Verkauf erlaubt und Kapitalvermehrung durch Wucher verboten."

Die Erkenntnis, daß die ethischen Gründe des Riba-Verbots im Zeitalter der Kreditwirtschaft nicht mehr zu vertreten seien, hatte dann allmählich doch auch im Bereich des Islam Raum gewonnen. Die Reformtheologen versuchten, eine Abgrenzung zwischen den Begriffen „Zins" und „Wucher" zu finden. Erleichtert wurde die praktische Anwendung ihrer Grundsätze durch den seit 1946 bestehenden Internationalen Währungsfonds, der auf weltweiter genossenschaftlicher Grundlage aufgebaut ist, daher bei seinen Devisengeschäften das Gläubiger- und Schuldnerverhältnis und die Verzinsung durch eine Koppelung von Devisenkauf mit Rückkaufverpflichtung ausschaltet.

Diese Neuerung hatte viel dazu beigetragen, den toten Punkt der westlich-islamischen Währungs- und Finanzbeziehungen zu überwinden. In den Satzungen des Internationalen Währungsfonds konnte der Muslim bei etwas Aufgeschlossenheit und gutem Willen eines jener vom Schariatsrecht erlaubten Umgehungsgeschäfte des Riba-Verbotes wiedererkennen – bis die Re-Islamisierung mit ihrer Forderung nach einem globalen Finanz- und Banksystem ohne jede Form der Verzinsung auf den Plan trat.

Umfassend lassen sich die Grundsätze der Re-Islamisierung, wie ein Saudiarabien sie will, in den folgenden sechs Thesen zusammenstellen:

1. Von einer Reformierbarkeit des Islam kann nur dann gesprochen werden, wenn man den Boden des islamischen Rechtes verläßt. Wenn man, wie in der kemalistischen Türkei, dieses Recht über Bord wirft, sind damit die inneren Probleme des Islam nicht gelöst, sondern nur beiseite geschoben.

2. Für die Abendländer kann es nichts Dringenderes und Nützlicheres geben, als den Islam und seine Rechtsordnung zu studieren und kennenzulernen. Um so eher kann der Islam von ihrer Technik und Wissenschaft praktische Anleihen machen.

3. Trotz jahrzehntelanger Verwestlichung sind die Araber, Türken und Perser in großer Mehrheit gläubige Muslime geblieben. Religion ist keine persönliche Angelegenheit zwischen dem einzelnen und „seinem" Gott.

4. Praktische Verweltlichung und Verwestlichung würde eine Neufassung der islamischen Glaubensartikel nach sich ziehen.

5. Man sagt, der Islam als Offenbarung beziehe sich nur auf den Glauben des Menschen an Gott, das gesellschaftliche Leben gehöre nicht zum Aufgabenbereich des Islam. Eine solche Einschränkung ist mit dem orthodoxen Islam nicht vereinbar.

6. Ein Modernisieren des Islam würde Modernisieren gegen den Koran bedeuten.

6. Der verborgene Imam –
Politisches und gesellschaftliches Engagement der Schia

Es muß auf den ersten Blick befremden, daß im Namen derselben Re-Islamisierung, welche die Throne Saudiarabiens und der Goldstaaten stützt, in Iran hingegen der Schah vertrieben und die Republik errichtet werden konnte. Doch hängt das damit zusammen, daß hier eben ein ganz anderer Islam als die vier großen Schulen der Sunniten oder auch als der Wahhabismus am Werke ist: die Schia.

Nach dem Tode des vierten Nachfolgers Muhammads, seines Enkels, des Kalifen Ali, entbrannte ein Streit darüber, wer nunmehr zur Übernahme der höchsten geistlichen und damit auch politischen Führung des islamischen Reichs berufen sei. Gestützt auf gewisse Koranstellen, wurde Alis Sohn Hussein als Kalif vorgeschlagen. Tatsächlich ging jedoch das Kalifat an die politischen Gegner Alis, an die Ommajaden, über. Als Hussein bei Karbala ermordet wurde, war das Schisma im Islam vollzogen.

Die Schiiten anerkennen nur die vier ersten Kalifen als legitime Nachfolger des Propheten. Sie bekennen sich zum Koran und grundsätzlich auch zur Hadith-Überlieferung. Hingegen werden von ihnen die beiden anderen Rechtsquellen des sunnitischen Islam, Übereinstimmung der Rechtsgelehrten und Konklusionen, abgelehnt.

Ebenso verwerfen sie das sunnitische Wahlkalifat. Sie stellten den Kalifen der Sunna ihre erblichen Imame aus der Familie Alis gegenüber, wobei die Ismaeli-Schia sieben, die in Iran herrschende Zwölfer-Schia eben eine Sukzession von zwölf Imamen anerkennt. Dann erlosch jedoch die Linie sichtbarer Oberhäupter. Die Schia blieb führerlos draußen vor der Tür des in der Sunna so fest gebauten islamischen Gottesreiches. Als Folge davon entwickelte sich in der Praxis das schiitische Mißtrauen gegen jede Art von Obrigkeit, ein oppositioneller Geist in Permanenz, wie ihn gerade in jüngster Vergangenheit wieder der Schah von Iran bis zum bitteren Ende zu spüren bekommen hat.

Die schiitische Theologie hat ihre Konsequenz aus dem Verlust des Kalifats und Erlöschen des Imamats mit der Lehre vom „verborgenen Imam" gezogen. Dieser sei bloß unsichtbar (Ghaiba) geworden, könne jeden Tag wiedererscheinen, um das schiitische Weltreich aufzurichten. Derart messianistische Erwartungen sind von den persischen Safawiden-Kaisern genährt worden, doch wagte keiner, nicht einmal Abbas der Große, das Imamat für sich in Anspruch zu nehmen. Heute verbinden sich derartige Spekulationen mit der Person von Ruhollah Chomeini, der auch schon wiederholt als „Imam" tituliert worden ist.

Auf die Verbindung dieser traditionellen schiitischen Standpunkte mit modernen politischen und sozialen Anliegen hat kein Geringerer als der große Dschemal ad-Din al-Afghani direkten Einfluß genommen. Er war 1886 zum ersten Mal von Schah Nasser ed-Din kurz nach Teheran eingeladen worden, folgte dann 1889 einer regelrechten Berufung durch den autoritären Herrscher, der ihm die Reform des Justizwesens anvertraute. Als jedoch im März 1890 die persische Regierung einer englischen Finanzgruppe die Tabak-Konzession übertrug, trat Afghani zusammen mit dem Ayatollah der Heiligen Stadt Samarra, Mirza Hassan-i Schirazi, gegen die Übergabe dieser wichtigen Wirtschaftskonzession an die „Feinde des Islam" auf. Der Ayatollah erließ eine Fatwa, eine „Enzyklika" würden wir sagen, die jedem gläubigen Schiiten das Rauchen untersagte, bis die Konzession widerrufen sei. Die Regierung des verhaßten Groß-Wesirs Mirza Ali Asghar Khan mußte schließlich nachgeben, Schah Nasser ed-Din wurde am 2. März 1896 von einem Schüler Dschemal ed-Dins ermordet – alles Ereignisse, die direkt auf die islamische Revolution von 1978/79 hinweisen.

IV. Wandel und Wirkungen –
Die islamische Erneuerung geht uns alle an

1. Kampf ums Heilige Land –
Neue Weichenstellungen im Nahostkonflikt

Mit der Re-Islamisierung ist der bisher zwischen Israelis und Arabern unter vorwiegend nationalistischen, zum Teil auch sozialen Vorzeichen ausgetragene Kampf um Palästina mit einer zusätzlichen religiösen Komponente belastet worden. Nachdem sich arabische Staatsmänner vom Range eines Anwar as-Sadat endlich zu der Einsicht „Israel ist eine Tatsache" durchgerungen haben, kommt jetzt der Islam, um zu verkünden: „Nein! Einen jüdischen Staat kann und darf es nicht geben, nur jüdische Untertanen zweiter Klasse in einer islamischen Ordnung. Und da ist es sehr fraglich, ob sie überhaupt das Heilige Muslim-Land Palästina bewohnen dürfen. Überhaupt machen malikitische und hanbalitische Rechtsschule, die heute den Ton angeben, den Juden selbst ihre traditionellen Duldungsrechte streitig. Also entweder zwangsbekehren oder versklaven, die Männer abschlachten, die Jüdinnen in die Harems!" Das wären kurz gesagt die Folgen, die Israel zu befürchten hätte, würde den Re-Islamisierern die Macht gegeben, nach ihren erklärten Grundsätzen zu handeln. Dasselbe gilt im Prinzip wieder – wie einst in Türken- und Sarazenentagen für das christliche Abendland, nur ist es noch etwas weiter entfernt als die Israelis.

Der traditionelle und damit erst recht der „re-islamisierte" Islam teilt die Menschheit in wahre Gläubige und zwei „Hindersassen" ein, in Heiden und Buchgläubige. Die Heiden, zu denen auch die modernen Atheisten und Materialisten gezählt werden, müssen sich entweder zum Islam bekehren oder mit Stumpf und Stiel ausgerottet oder wenigstens versklavt werden. Die Buchgläubigen hingegen, die sogenannten „Ahl al-Kitab", erfahren als Schutzbefohlene der Muslime, als „Dhimmis", eine etwas bessere Behandlung. Ihnen werden, sofern sie als Juden,

Christen oder Parsen an Vorstufen der islamischen Offenbarung partizipieren, Leben, Freiheit und ein eingeschränktes Besitzrecht gewahrt. Dafür muß jeder Jude oder Christ unter islamischer Obrigkeit eine Kopfsteuer, die Dschizija, für seinen Haus- und Grundbesitz eine zusätzliche Abgabe, den Charadsch, entrichten. Grundsätzlich werden seine Realitäten aber als islamisches Stiftungsgut betrachtet, von dem er nur noch Verwalter ist. Juden und Christen sind wehrunwürdig, müssen an ihrer Kleidung sofort von den wahren Gläubigen zu unterscheiden sein, dürfen weder Waffen tragen noch hoch zu Roß reiten (die modernen Ausleger wollen ihnen daher die Autos wegnehmen). Alte Synagogen und Kirchen dürfen instand gesetzt, doch keine neuen gebaut werden. Ihr Leben hat unauffällig und inoffensiv zu sein, muß den Muslimen jederzeit den schuldigen Respekt bezeugen. Dennoch kann ein Jude oder Christ nie Bürger des islamischen Staates werden.

Das alles klingt im Moment phantastisch und unglaubwürdig, beinahe wie die Erklärungen Hitlers Jahre vor der „Endlösung" der Judenfrage. Eine solche Zukunft als „Dhimmis" wird Juden wie Christen nicht erspart bleiben, wenn es nach den Re-Islamisierern geht, Nahostfrieden hin oder her. Dabei ist dieses „Sonderstatut" noch die beste aller Möglichkeiten, die der wiedererstarkende Islam offenläßt. Nach dem Beispiel der Austreibung aller Juden aus dem „Heiligen Hedschaz" von Mekka und Medina muß sogar mit totaler Vertreibung aus Jerusalem und Palästina gerechnet werden, sobald die Muslime dazu einmal militärisch imstande sein werden. Die Jerusalemer Moscheen, Stätten der legendären Himmelfahrt Muhammads, haben seit Aufwertung des sakralen Charakters von Palästina unter den Omajaden, welche die Wallfahrt zu ihren politischen Rivalen in Mekka und Medina abwerten wollten, eine zentrale Rolle im Frömmigkeitsleben jedes Muslims gespielt.

Nun gibt es zwar aus der islamischen Geschichte das Beispiel eines Saladin, der den Juden Jerusalem und das Gelobte Land nach den Schrecken der Kreuzfahrerzeit neu geöffnet hat. Doch dieser Salahuddin kurdischer Abstammung war ein toleranter Schafiit, während heute fanatischer Hanbalismus und Malikismus den Weltislam beherrschen. Ihre Theologen haben schon früh den Standpunkt vertreten, daß Juden und Christen selbst der bescheidenen Schutzrechte der Dhimma verlustig gegangen seien. Diese seien ihnen ja ausschließlich als „Gläubigen des Buches" zuerkannt worden, jenes Himmelsbuches, von dem der Koran die vollkommenste, Thora, Psalter und Evangelien nur bruchstückhafte Abschriften darstellten. Doch selbst diese Fragmente seien nach den Erkenntnissen der islamischen Schriftkritik von Rabbinern und Pfarrern verfälscht worden. Also keine Gläubigen des Buches und damit auch keine Dhimmis mehr, sondern schlimmer als die Heiden, Freiwild für Ausrottung oder Knechtung.

Generationen von Juden und Christensklaven haben im malikitischen Nordafrika die Auswirkungen dieser Lehrmeinung zu spüren bekommen, wenn man sie auf die Galeeren peitschte, in Fez und Marrakesch in Ghettos brannten, die Juden von Tripolis an die Synagogentüren genagelt wurden. Seit dem 19. Jahrhundert wurde daraus graue Theorie, nur mehr für das Eherecht bedeutend, wo Hanbaliten und Malikiten Ehen von Muslimen mit Jüdinnen und Christinnen als Konkubinat werteten, während Hanafiten und Schafiiten den Frauen und ihren Kindern alle ehelichen Rechte einräumten. Doch heute steht die Ölgroßmacht Saudiarabien auf dem Boden der hanbalitischen, das zweitmächtige Libyen im Überlieferungsgefüge der malikitischen Doktrin, während ihnen die Islamische Republik Iran an schiitischer Unduldsamkeit nicht nachsteht!

2. Das Erdöl – Allahs Segen: Petrolboykott statt Heiligem Krieg

Der Vater des Panislamismus, Dschemal ed-Din al-Afghani, hat während seines Pariser Aufenthaltes verkündet:

„Das Christentum tritt für den Frieden und die Nachgiebigkeit ein; es hat das Vergeltungsrecht aufgehoben; es verkündet den Verzicht auf Macht und Gewalt; es betont die Vergänglichkeit irdischer Güter und die Notwendigkeit, sich der Regierung zu fügen. Die vom Islam verfolgten Ziele sind: den Sieg, die Größe und die Macht zu erlangen. Er lehnt alle Gesetze ab, die im Widerspruch mit seinen eigenen stehen. Alles ist im Islam darauf abgestellt, die erste Militärnation der Welt zu werden."

Für den Muslim kann es auf dieser Welt eben immer nur zwei Reiche geben, das islamische Dar el-Islam und das Dar al-Harb der Ungläubigen, zwischen denen der „Heilige Krieg" des Dschihad ausgetragen wird. In der arabischen Sprache werden die Nicht-Muslime als „Ahl Dar al-Harb" bezeichnet, was in wörtlicher Übersetzung „Leute aus dem Haus des Krieges" bedeutet. Gemildert wird die Härte dieser religiösen „Apartheid" durch die Anerkennung der Schutzbefohlenen (Dhimmi). Nach der orthodoxen Lehre bilden die Muslime in ihrer Gesamtheit das Dar el-Islam (Haus des Islam), die nichtmuslimische Welt ist das „Dar al-Harb" (Haus des Krieges) oder das „Dar al-Kufr" (Haus der Ungläubigen). Es ist heilige, jedem Muslim obliegende Verpflichtung, daß das Dar el-Islam, der Zusammenschluß aller Muslime in einem Reiche, verwirklicht werde.

Nach der allgemeinen Auffassung befindet sich das Dar el-Islam, solange noch andersgläubige Völker vorhanden sind, in einem dauernden Kriegszustand mit seiner Umwelt, der zwar durch einen Waffenstillstand unterbrochen, niemals aber durch einen Friedensvertrag beendet werden kann. Für den Bereich solcher vorübergehender Waffenruhe hat sich die Bezeichnung „Dar as-Sulh" (Haus der Vereinbarung) eingebürgert. Es ist bezeichnend, daß in Ägypten hinsichtlich des Friedens mit Israel offiziell ebenfalls nie von Salam (Frieden), sondern immer nur von Sulh gesprochen wird.

Unter Berufung auf einige Koranstellen wurde die Lehre vom „Dschihad" (wörtlich: Anstrengung), vom Heiligen Krieg, entwickelt. Zum letzten Dschihad war der 1. Weltkrieg vom türkischen Sultan-Kalifen erklärt worden. Die modernistische islamische Theologie rückte die Idee des „Heiligen Krieges" ziemlich in den Hintergrund, in Ägypten wurden immerhin noch bei seinen Waffengängen mit Israel Dschihad-Anleihen zum Zeichnen aufgelegt. Im Zuge der Re-Islamisierung ist der

Heilige Krieg wieder edle Muslimpflicht geworden, wird von manchen neo-konservativen Theologen sogar den „Fünf Säulen des Islam" (Reinheit, Gebet, Fasten, Wohltätigkeit und Pilgerschaft) als sechste Säule hinzugefügt.

Zwischen dieser Kriegs-Lehre und der Ächtung des Krieges durch die Vereinten Nationen, deren Mitgliedschaft alle Muslim-Staaten erworben haben, gibt es keine Brücke. Ehrlich hat dazu schon 1955 der in Washington wirkende Professor Majid Khadduri, eine Muslim-Autorität auf dem Gebiet des Völkerrechts, festgestellt, daß man die tiefe Kluft nicht aus den Augen lassen dürfe, die zwischen dem Völkerrecht des Islam und den in der Charta der Vereinten Nationen verankerten Grundsätzen liegt.

Die Auseinandersetzung zwischen Dar el-Islam und Dar al-Harb hat seitdem auf dem Energiesektor ihr Hauptaustragungsfeld gefunden. Aus dem Dschihad ist der „Heilige Erdölkrieg" geworden. Besonders mit der 1960 in Bagdad erfolgten Gründung der islamisch dominierten Organization of Petroleum Exporting Countries (OPEC) ist ein bemerkenswertes neues Element der Beziehungen der Muslime zu ihrer „ungläubigen" Umwelt in Erscheinung getreten. Der schlichte Firmenwortlaut ließ auf eine der üblichen internationalen Holding-Gesellschaften schließen. Die Bedeutung der Neugründung ging aber weit darüber hinaus. Handelt es sich doch um den Zusammenschluß jener fast ausschließlich islamischen Länder, die etwa drei Viertel des Erdölbedarfs im nicht-kommunistischen Europa decken.

Die OPEC wurde von Iran, dem Irak, Kuweit, Saudiarabien und Venezuela gegründet. 1961 kam Katar, 1962 Libyen und Indonesien dazu. Seitdem hat die Zahl der Mitgliedsstaaten beträchtlich zugenommen, doch bedarf jede Neuaufnahme der einstimmigen Billigung durch die fünf Gründerstaaten. Die Koppelung der islamischen Erdölinteressen mit jenen Venezuelas geht auf das Ende der vierziger Jahre zurück. Damals hatte Venezuela erstmals die Ertragsbeteiligung Produzentenland : Ölkonzerne 50:50 eingeführt, die bald auch im Mittleren Osten angewandt wurde.

Islamisch ist vor allem der Hauptgrundsatz der OPEC, daß die Rohölpreise mit einem Preisindex jener Fertigwaren gekoppelt werden, welche die Mitgliedsländer aus den Industriestaaten einführen müssen. Im Sinne der islamischen Soziallehre wird einerseits die Rolle der Erdölproduktion als „globaler öffentlicher Versorgungsbetriebe" unterstrichen, von den Verbrauchern aber ebenfalls „verantwortliche Partnerschaft" mit den Produzentenländern gefordert.

So könnte die OPEC ein Modell für Dynamik und Anpassungsfähigkeit des modernen Islam sein, wenn es nur eben keinen Heiligen Krieg gegen die Ungläubigen gäbe, in dem man immer lieber zur „Erdölwaffe" greift. Der Boykott von 1973/74 ist noch in lebhafter Erinnerung, neue Krisen und Engpässe zeichnen sich mit der Verpolitisierung des iranischen Erdöls unter Chomeini nicht nur für die zunächst betroffenen Israelis und Südafrikaner ab.

3. Unheilige Allianzen – Arabische Revolution und Restauration im Vorfeld des Ringens der Supermächte

Die Re-Islamisierung macht es dem arabischen Nationalismus und Sozialismus zum Vorwurf, mit seinen Revolutionen und engen Beziehungen zum Ostblock das „gemeinsame arabisch-islamische Vaterland" gespalten und beinahe um seine neue Größe gebracht zu haben. In der Tat gab es 1969 vor dem Tode Abdel Nassers zwei feindselige Lager: die revolutionären Staaten Algerien, Libyen, Ägypten, Sudan, Nord- und Südjemen, Syrien und den Irak, die mehr oder weniger zur russischen Einflußsphäre gehörten. Ihnen standen konservativ und prowestlich die Monarchien Marokko, Jordanien, Saudiarabien, Oman, Kuweit, Iran und die damals noch unter britischer Herrschaft stehenden Golfstaaten gegenüber.

Heute laufen im Namen des Islam zwar die Fronten anders, hat sich die Auspolung der islamischen Welt nach West und Ost im Zeichen der wieder verschärften Gegensätze der beiden Supermächte USA und Sowjetunion aber verstärkt. Auf der

Seite des Westens – als Zweckbündnis, doch nicht aus Zuneigung oder echten Gemeinsamkeiten – der von Saudiarabien geführte konservativ-islamische Block mit den anderen Ölscheichs, Marokko, Ägypten, Sudan, Nordjemen, dem Sultanat von Oman sowie Jordanien. Direkt in kommunistischer Solidarität mit Moskau verbunden nur noch der ehemalige Süd- und heutige Volksjemen, dafür die linksislamischen Ölstaaten Iran, Libyen und Algerien als Partner. Zwischen den beiden islamischen Blöcken und den Supermächten bemühen sich die von den Russen enttäuschten Syrer und Iraker im Bunde mit dem alten Tito um eine Neuauflage der einstigen nasseristisch-titoistischen Blockfreiheit. Die Re-Islamisierung hat keine Einheit und Eintracht, keine neue Umma aller Gläubigen des Propheten gebracht, auch außerhalb von Nordafrika mit dem Mittleren Osten: So stehen sich an der Flanke Indiens das reaktionär-islamische Militärregime Pakistans und die linksislamische Revolutionsregierung Afghanistans gegenüber. Wie immer schon bringt seine politische Verquickung dem Islam mehr Fluch als Segen.

4. Schluß mit dem Alkohol –
Ein äußerlicher Formalismus und seine Gefahren

Die Re-Islamisierung manifestiert sich greifbar mit Wiedereinführung der islamischen Rechtsordnung in jenen Muslimländern, die bisher nach europäischen oder allgemein menschlich-fortschrittlichen Grundsätzen und Vorbildern Recht gesprochen und zum Teil sogar das islamische Familienrecht im Interesse der Frauen abgeändert hatten. Schon einmal war in all diesen Ländern nach strikten islamischen Satzungen gelebt, gehandelt und gestraft worden, doch waren diese allein für die islamischen Bürger gültig, getreu der islamischen Devise „cuius religio – eius lex". Christen und Juden führten eine juridische Sonderexistenz. Der moderne islamische Staat hat jedoch – völlig unislamisch – ein totalitäres Selbstverständnis, wendet das wiedereingeführte islamische Recht unterschiedslos auf alle Untertanen, auf Juden und Christen, ja selbst auf Ausländer an. So kommt es, daß im Ramadan 1978 auch ägyptische Christen öffentlich keinen Alkohol mehr genießen durften, in Saudiarabien immer wieder Techniker und Geschäftsleute als Alkoholsünder mit Peitsche und Pranger Bekanntschaft machen. Dabei sind das eher harmlose Beispiele. Viel schlimmer steht es mit Wiedereinführung der Todesstrafe für Glaubensabfall vom Islam, Todesstrafe auch für die „Verführer" dazu, was alle christlichen Glaubensboten, Schulbrüder oder Spitalschwestern in den islamischen Ländern in den Schatten des Schafotts gebracht hat.

Die islamische Doktrin scheint eben in dreifacher Manifestation auf: als Religion, als Morallehre und als Rechtsordnung. Daher erhebt sie auch einen Totalanspruch an ihre Anhänger. Einer der Mitbegründer Pakistans und dessen erster Regierungschef, Liaqat Ali Khan, hat diese Erkenntnis in die folgende einprägsame Fassung gekleidet:

„Der Islam zählt nicht zu jenen Religionen, die sich nur um eine Seite des menschlichen Daseins kümmern. Er ist ein ‚Way of Life', der das Leben der Menschen nicht etwa in zwei Hälften teilt, deren eine Gott und deren andere Cäsar gehört. Der Islam umfaßt das individuelle und kollektive Leben der Muslime in seiner Gesamtheit."

Mit dem Worte Scharia bezeichnet die arabische Sprache das göttliche, d. h. von Gott geoffenbarte Recht, das in drei großen Gruppen das rituelle und kulturelle Gebiet, das Zivilrecht sowie das Strafrecht umfaßt.

Ein gegenseitiges Erbrecht zwischen Muslimen und Nicht-Muslimen wird von diesem Schariatsrecht nicht anerkannt. Der Muslim kann jedoch einem Nicht-Muslim ein Vermächtnis aussetzen, das aber höchstens ein Drittel des Nachlasses umfassen darf; denn zwei Drittel gehen an die über Frau und Kinder hinaus in der Verwandtschaft sehr weit gezogenen gesetzlichen Erben. Diese Sonderpraxis gründet sich auf das Beispiel einer der Prophetengattinnen, der Jüdin Saijjeda Saffija, die einen ihrer Glaubensgenossen mit einem Drittel ihres Nachlasses bedacht hatte.

Das Obligationenrecht wird von zwei grundlegenden, im Koran verankerten Rechtssätzen beherrscht: vom bekannten Wucherverbot sowie vom Verbot aleatorischer, somit Spiel und Wette betreffender Rechtsgeschäfte. Schließung der Spielbanken war daher eine der ersten, schon im August 1978 durchgesetzten „Errungenschaften" der schiitischen Islam-Revolution. Unter das allgemeine Wett-Verbot fallen aber auch Lebens-, Unfall- und Risikenversicherungen.

Die dem abendländischen juristischen Denken vertraute Gleichheit aller vor dem Gesetze gilt nur für die Muslime. Für Strafrecht und Strafverfahren ist weiter charakteristisch, daß Untersuchung, Anklage, Verhandlung, Urteilsfällung und Strafvollzug in die ausschließliche Kompetenz der Polizei (arab. Schurta) fallen. Eine Staatsanwaltschaft ist dem Schariatsrecht fremd. Die schweren Verbrechen sind schon im Koran genau umschrieben. Auf Mord, Ehebruch und Abfall vom Islam steht die Todesstrafe. Raub und Diebstahl werden mit dem Abhauen der Hand, Totschlag hingegen mit Sühneleistungen, z. B. der Freilassung eines Sklaven, geahndet. Auf Sittlichkeitsdelikten und sonstigen Verletzungen des öffentlichen Anstandes steht die Strafe der Steinigung oder des Auspeitschens.

Einem im westlichen Denken befangenen Juristen muß es schwerfallen, die der Scharia eigene Art der Rechtsanwendung mit der ihm geläufigen Auffassung von Rechtssicherheit in Einklang zu bringen. Denn das Schariatsrecht ist weiter nicht schlechthin auf den Muslim, sondern nur in einer jener vier Versionen anwendbar, welche die vier Rechtsschulen vertreten.

Damit hat es folgende Bewandtnis: Das Schariatsrecht der Sunniten schöpft aus vier Quellen – sie sind der Koran, die Überlieferung (Hadith), das „Idschma" (die übereinstimmende Meinung der großen Rechtsgelehrten) und schließlich die Konklusionen. Die Fortbildung des islamischen Rechtssystems ist – anders als in der christlichen Welt – durch keine Konzile oder Synoden vor sich gegangen. Die rasche Ausbreitung der Lehre über weit auseinander liegende Gebiete hat außerdem das Entstehen von abweichenden Auslegungen begünstigt. All dies erklärt, daß sich in die Auslegung der Sunna vier Rechtsschulen (sie entsprechen im liturgischen Bereich verschiedenen Riten) teilen, die zwischen 750 und 850, im zweiten Jahrhundert der islamischen Zeitrechnung, entstanden sind und nach ihren Gründern benannt wurden. Nur die von diesen Hanafiten, Malikiten, Schafiiten und Hanbaliten vertretenen Auslegungen gelten als orthodox. Da die Grundsätze der Sunna unabänderlich sind, sind die Rechtsschulen auf die Auslegung von Einzelheiten beschränkt.

Es steht jedem Muslim frei, den ihm zusagenden Ritus als Richtschnur seines religiösen und privaten Verhaltens zu wählen. Hat er aber einmal seine Wahl unter den vier Rechtsschulen getroffen, muß er sein Tun und Lassen nach diesem bestimmten Ritus einrichten. Alle vier Rechtsschulen gelten als gleichwertig. In ihren gegenseitigen Beziehungen üben sie weitgehende Toleranz. Die Tragweite der kritiklos-traditionalistischen Wiederinkraftsetzung dieses viergestaltigen Schariatsrechtes kann vielleicht am besten hinsichtlich Sklaverei und Frauenemanzipation ermessen werden.

Sklaverei und Sklavenhandel sind der islamischen Rechts- und Sozialordnung eigentümliche Einrichtungen, die auf der arabischen Halbinsel auch in der Praxis mit ihren letzten Ausläufern bis in die Mitte unseres Jahrhunderts hineinreichten. Nun wird die Sklavenhalterei von der Re-Islamisierung jedoch aufs neue gebilligt und ermutigt.

Was sagt der Koran zur Sklaverei? Zwei Stellen beziehen sich auf diesen traurigen Gegenstand. Vers 4 der siebenundvierzigsten Sure handelt vom Schicksal jener Ungläubigen, die in der Schlacht überwältigt werden und dem islamischen Sieger als lebende Kriegsbeute in die Hände fallen: „Macht sie zu Gefangenen. Wenn der Krieg zu Ende ist, setzt sie entweder gnadenweise oder gegen Lösegeld in Freiheit." Und im 13. Vers der neunzigsten Sure wird die Freilassung eines Sklaven als erstes Beispiel guter Werke angeführt, welche der fromme Muslim vollbringen soll.

Das wäre nun ein guter Ausgangspunkt für eine sklavenfeindliche islamische Reformtheologie. Hingegen ist das Schariatsrecht voller Bestimmungen über Sklaven, Sklavinnen und selbst Kinder in diesem entrechteten Zustand. Die Re-Islamisierer stehen damit in erklärtem Gegensatz zur – von ihnen mit Lippenbekenntnissen – angenommenen Deklaration der Menschenrechte von 1948, deren Artikel IV besagt: „Niemand soll in Sklaverei oder Knechtschaft gehalten werden; Sklaverei und Sklavenhandel sollen in allen ihren Formen aufgehoben werden."

Viel, viel weiter ist der Kreis der vom Re-Islamisierungsrückschritt Betroffenen bezüglich der islamischen Frau. Ihre Emanzipierung hatte einen der schönsten praktischen Erfolge der islamischen Reform- und Modernisierungsbestrebungen dargestellt. Heute kehren Schleier und Harem, die für immer überwunden zu sein schienen, in allen islamischen Ländern wieder.

Die Möglichkeit der Vielehe mit bis zu vier gleichberechtigten Frauen wird in Vers 3 der vierten Sure des Koran als eine Maßnahme der Waisen- und Witwenfürsorge geregelt. Es galt nämlich, die Waisen und Witwen jener Glaubensstreiter zu schützen, die in der verlustreichen Schlacht von Uhud gefallen waren:

„Wenn ihr befürchtet, daß ihr die Waisen nicht auf eine andere Art gerecht behandeln könnt, dann heiratet ihre Mütter. Und zwar, wie ihr es für gut findet, zwei oder drei oder vier. Wenn ihr aber befürchtet, daß ihr sie nicht gleichberechtigt behandeln könnt, dann heiratet nur eine."

Mit viel Geschick und Wirklichkeitssinn haben die islamischen Frauenverbände daher auf die Festlegung Wert gelegt, daß es sich bei der Emanzipation gar nicht um eine islamfeindliche, revolutionäre Bewegung handle. Sie verlangten nur die Rückkehr zu den ursprünglich verkündeten Grundsätzen der Doktrin, die im Lauf der Jahrhunderte teils bewußt verfälscht, teils falsch ausgelegt oder durch Gewohnheitsrecht verdrängt worden seien. In den ersten Jahrzehnten der islamischen Ära hätten Kriege und Invasionen, Frauenraub und Sklavenhandel eine strenge Absonderung der Frauen gebieterisch notwendig gemacht, so daß die im Koran verkündete Gleichberechtigung der Frau dem damals notwendigen, erhöhten Schutzbedürfnis der Frauen weichen mußte. Nunmehr aber sei die Zeit gekommen, die Reinheit der Lehre auch auf dem Gebiet der Frauenrechte wiederherzustellen. Der Kampf gegen die Vielehe sei durchaus nicht das Kernproblem der Frauenbewegung.

Besonders fortschrittlich waren die seit 1956 in Marokko und Tunesien erreichten Neuerungen. Das 1958 eingeführte marokkanische Ehe- und Familiengesetz hatte mit seinen „polygamen Klauseln" eine gewisse Behinderung der Vielehe gebracht. Die Frau konnte im Heiratsvertrag festlegen, daß ihr Gatte keine weitere Frau heiratet. Erfüllte er diese Bedingung nicht, so konnte sie – völlig unerhört für das islamische Familienrecht, in dem die Frau nie und nimmer Trennung oder Scheidung verlangen kann – die Auflösung der Ehe und damit die Rückstellung der Ehegabe verlangen. Aber auch für den Fall, daß ein solcher Vorbehalt im Ehevertrag nicht enthalten war, konnte die Frau das Gericht anrufen, wenn ihr durch eine weitere Eheschließung des Mannes eine Ungerechtigkeit zugefügt wurde.

Am weitesten war Tunesien mit seinen 1956 und 1957 kundgemachten Ehegesetzen gegangen. Hier wurde die Polygamie erstmals strafrechtlich geahndet. Es war eine letzte kleine Konzession an das Schariatsrecht, daß der polygame Mann zwar bestraft wurde, seine polygame Ehe aber als gültig anerkannt blieb. Hingegen wurde die einseitige und außergerichtliche Verstoßung der Frau durch den Mann aufgehoben:

„Eine Ehescheidung kann nur vom Gericht ausgesprochen werden."

Als 1974 keine Geringere als Frau Sadat in Ägypten eine ähnliche Scheidungsreform im Parlament durchzusetzen versuchte, veranstalteten die Re-Islamisierer einen Protestmarsch durch Kairo. Seitdem ist die Entwicklung für die islamische Frau wieder überall und auf allen Gebieten rückläufig, gelten saudiarabische Zustände als Vorbild, wo die Studentinnen der Universität von Dschidda nicht einmal mit den Kommilitonen im Hörsaal sitzen dürfen, sondern die Vorlesungen per Fernsehen in einen hochummauerten Bezirk übertragen werden.

5. Ein Gott – Eine Gesellschaft – Eine Menschheit:
Innere Kraft und Bedeutung islamischer Erneuerung

Es ist nicht das erste Mal, daß der Islam ungestüm und herausfordernd an die Tore des Abendlandes pocht. Das haben die ersten arabischen Eroberer, haben Türken und Barbaresken schon brutaler getan. Noch nie verfügte die islamische Welt aber nur annähernd über ihre heutigen Machtmittel auf dem Energie- und Rohstoffsektor, damit auf finanziellem und früher oder später auch technischem und militärischem Gebiet. Das bißchen westlicher Know-how-Überlegenheit, auf das wir uns stützen, wird auch keinen ewigen Vorsprung sichern. Es könnte die Stunde kommen, wo sich der Westen dem Islam rein äußerlich auf Gnade oder Ungnade ausgeliefert sieht.

Wir können diese gigantische Auseinandersetzung nur mehr auf geistigem Gebiet gewinnen, konkret gesprochen, da es sich beim Islam um eine Religion handelt, und ohne deshalb in Bigotterie zu verfallen, auf religiöser Ebene. Das Judentum ist – sosehr es als Partner herangezogen werden muß und seinen eigenen Dialog mit dem Islam führt – zu der angesprochenen Auseinandersetzung ungeeignet, da es selbst eine Gesetzesreligion ist, beladen mit derselben Reformproblematik wie der Islam, der dem mosaischen Gesetz jedoch viel Universalismus voraus hat. Bleibt das Christentum, dessen Kirchen neben dem Islam dahinleben, sich vor ihrem Verkündigungsauftrag drücken, nur noch Dialog führen wollen, seit sie mit ihren Missionierungsversuchen bei den Muslimen chronischen Schiffbruch erlitten haben. Und doch gäbe es für den Islam selbst keinen besseren Ausweg aus seinem Dilemma zwischen Gesetz und Erneuerung, keine schönere Erfüllung für sein durch die Schranken der Scharia und die Wunden des Dschihad behindertes Sehen nach dem *einen* Gottesglauben in einer geeinten Menschheit als seine messianische Vollendung.

Literatur

Abdel Nasser, Gamal, La Philosophie de la Revolution, Kairo ohne Jahresangabe

Abu Jaber, Kamel S., The Arab Ba'th Socialist Party: History, Ideology and Organization, Syracuse N.Y. 1966

Ambasciata della Repubblica del Iraq, Lavoro politico nelle Forze Armate, Rom 1978

Aisami, Schibli al-, Einheit – Freiheit – Sozialismus, Bagdad 1978

Austruy, Jacques, L'Islam face au développement économique, Paris 1961

Bennabi, Malik, Vocation de l'Islam, Paris 1954

Bütler, Robert A., Islamische Gesellschaftsordnung und moderner Staat I–II, in Orientierung 13/14 und 17, Zürich 1978

Charbutli, Ali Hosni al-, Muhammad wa al-qaumia al-arabia (Muhammad und der arabische Nationalismus), Kairo 1959

Clavel, Eug., Droit Musulman I–II, Paris 1895

Constitution de la Confédération de Republiques Arabes – La Proclamation de Damas, Kairo 1971

Covenant of the National Progressive Front, Damaskus 1972

Crecelius, Daniel, Die Religion im Dienste des islamischen Staatssozialismus in Ägypten, in Bustan 3, Wien 1967

DeSomogyi, Joseph, Economic Theory in Classical Arabic Literature, in: Studies in Islam II 1, New Delhi 1965

Die arabische Welt – Geschichte, Probleme, Perspektiven, hrsg. v. Verlag Ploetz, Freiburg/Würzburg 1978

Farah, Elias, Das arabische Vaterland nach dem Zweiten Weltkrieg, Bagdad 1977

Gaddafi, Muamer al-, Al-Kitab al-achdar (Das Grüne Buch), Tripolis ohne Jahresangabe

Gazali, Muhammad al-, Al-Islam wa al-manahedsch al-ischtirakia (Der Islam und die sozialistischen Methoden), Kairo ohne Jahresangabe

Gibb, H. A. R./Kramers, J. H., Shorter Encyclopaedia of Islam, Leiden 1961

Gstrein, Heinz, Fortschritt ohne Klassenkampf – Arabischer Sozialismus, Freiburg i. Ue. 1972

Hans, J., Homo Oeconomicus Islamicus – Wirtschaftswandel und sozialer Aufbruch im Islam, Klagenfurt 1952

Hans, J., Dynamik und Dogma im Islam, Leiden ³1963

Husayni, Ishaq Mussa al-, The Moslem Brethren. The Greatest of Modern Islamic Movements, Beirut 1956

Imhoff, Christoph von (Hrsg.), Krisenquadrat Mittelost, Bonn 1978
Jomier, Jacques/Geay, Claude, Le jeune Musulman et la Religion, Kairo 1972
Karpat, Kemal H. (Hrsg.), Political and Social Thought in the Contemporary Middle East, New York 1968
Kerr, Malcolm H., Islamic Reform: The Political and Legal Theories of Muhammad Abduh and Rashid Reda, Berkeley 1966
Kruse, Hans, The Development of the Concept of Nationality in Islam, in: Studies in Islam II 1, New Delhi 1965
Lutfi, Omar Bey, De l'Action Pénale en Droit Musulman, Paris 1897
Revolutionary Iraq 1968–1973, Bagdad 1974
Saada, Antun, Al-Islam fi rissalataihi al-messihia wa al-muhammadia (Der Islam in seiner christlichen und muhammedanischen Botschaft), Beirut ³1958
Sadat, Anwar as-, Programme of National Action, Kairo 1971
Salem, Elie, Islam as the Basis of Arab Search for Ideology, in: Studies in Islam II 2, New Delhi 1965
Schmitz, Paul, Die Arabische Revolution, Leipzig 1942
Smida, Mongi, Khereddin – Ministre Réformateur, Tunis 1970
Takriti, Saddam Hussein al-, Nazra fi'l din wa al turath (Ein Blick auf Religion und Tradition), Bagdad 1978
Tibi, Bassam, Militär und Sozialismus in der Dritten Welt, Frankfurt 1973
Young, George, Corps de Droit Ottoman I–VII, Oxford 1905–06
Zayas, Farishta G. de, The Law and Philosophy of Zakat, Damaskus 1960

Zeittafel

	Islamisch	Christlich
Muhammad, Prophet des Islam	c. 52 v. H. – 9 n. H.	c. 570–632
Tod Husseins bei Karbala, Entstehen der Schia	10. Muharram 61	10. Oktober 680
Abu Hanifa, Begründer der toleranten Hanafi-Schule	c. 81–150	c. 700–767
Abu Abdallah al-Schafii, Begründer der vermittelnden Schafiiten-Schule	150–204	767–820
Malik Ben Anas, Begründer der rigorosen Maliki-Schule	c. 90/97–179	c. 710/17–795
Ibn Hanbal, Begründer der puritanischen Hanbali-Schule	164–241	780–855
Ibn Taimia, "Zurück zum Urislam"	661–728	1263–1328
Ibn Chaldun, Systematiker der islamischen Staats- und Soziallehre	1332–1406	
Muhammad Abd al-Wahhab, Gründer des Wahhabismus	1115–1201	1703–1787
"Geburt" Saudiarabiens	1178	1765
Sidi Muhammad Ben Ali as-Sanussi, Gründer des libyschen Sanussi-Ordens	1206–1276	1791–1859
Ahmad Khan, indischer Reform-Islam	1817–1898	
Muhammad Ahmad, der "Mahdi" des Sudan	1258–1302	1834–1885
Dschemal ad-Din al-Afghani, "Luther" des Islam, Reform und Panislamismus	geb. 1254	1838/39–1897
Muhammad Abdu, islamischer "Modernismus"	1849–1905	
Muhammad Iqbal, "Vater Pakistans"	1877–1938	
Abdankung des letzten Sultan-Kalifen	November 1922	
Abschaffung des geistlichen Kalifats	März 1924	
Einzug Ibn Sauds in Mekka	10. Oktober 1924	
Nahdatul-Ulama, konservativer Muslimbund Indonesiens	1926	
Hassan al-Banna, Gründer der Muslim-Brüder	1906–1949	
Sukarno verkündet indonesische Staatsphilosophie "Pantjasila"	1945	
Ägyptische Revolution	23. Juli 1952	

OPEC in Bagdad gegründet	1960
Lybische Revolution	1. September 1969
Tod Gamal Abdel Nassers	29. September 1970
Machtergreifung Anwar as-Sadats	15. Mai 1971
Gaddafis „Grünes Buch"	1976
Islamische Revolution in Iran	11. Februar 1979

PLOETZ   Taschenbücher zum Zeitgeschehen

DOROTHEA GRÄFIN RAZUMOVSKY

Titos Erbe

Jugoslawien zwischen gestern und morgen (40172)

„Das Jugoslawien-Büchlein der Gräfin Razumovsky kann die Belgrader Obrigkeit nicht erfreuen. Zuviel steht darin, was im Lande niemand sagen darf und was draußen in der Welt niemand denken soll. Am ärgerlichsten aber wird man in Belgrad finden, wie die Gräfin Razumovsky Tito zeichnet. Da haben die offiziellen Personenkult-Beauftragten jahrzehntelang fleißig an einer riesigen Ikone gemalt, und nun kommt eine kecke Gräfin und kratzt am Goldlack. Die Gräfin Razumovsky prophezeit nicht, Jugoslawien werde demnächst auseinanderfallen. Sie zählt freilich eine Reihe von Tatsachen auf, die ein Überleben als fraglich erscheinen lassen: Die nationalen Spannungen, eine fünfte Kolonne Moskaus im Land, das Fortleben einer fatalen Tradition von Verrat und Mord als Mittel des politischen Kampfes…"

(Frankfurter Allgemeine Zeitung)

GERHARD DE GROOT

Entscheidung in Südafrika

Versäumnisse und Chancen
in der Politik zwischen Weiß und Schwarz (40176)

Die Spannungen im südlichen Afrika haben sich in den letzten Jahren gefährlich verschärft. Immer deutlicher fordern die Wortführer der schwarzen Mehrheit die gleichberechtigte Beteiligung an allen politischen Entscheidungen. Die weiße Bevölkerung fürchtet für diesen Fall um ihre Existenz und prophezeit ein wirtschaftliches und politisches Chaos. De Groot ist dem Für und Wider der beiderseitigen Standpunkte mit dem wachen Sinn des Journalisten nachgegangen. An nüchternen Beispielen setzt er sich kritisch mit den bisher gebotenen Lösungsvorschlägen, insbesondere auch mit dem sogenannten ‚Vorster-Plan' auseinander. Das Buch gibt einen guten Überblick über die heutige Situation und die ihr vorausgehende geschichtliche Entwicklung.

Jeder Band 128 Seiten

VERLAG PLOETZ · Freiburg · Würzburg

PLOETZ Taschenbücher zum Zeitgeschehen

THEODOR DAMS

Weltwirtschaft im Umbruch

Konfrontation oder Kooperation mit der Dritten Welt? (40175)

Vor dem Hintergrund der sich verschärfenden Spannungen zwischen Nord und Süd gibt der Verfasser eine kritische Bestandsaufnahme und Sachdarstellung der heutigen weltwirtschaftlichen Situation. Seine Alternativen gipfeln in dem Plan einer ‚offensiven Strategie der Marktwirtschaft auf internationaler Ebene', der das bisher seiner Meinung nach pragmatisch defensive Vorgehen der Industriestaaten überwindet. Öffnung der westlichen Märkte für wachsende Angebote aus den Entwicklungsländern, höhere Finanzleistungen der Entwicklungshilfe, Stabilisierung der Rohstoffmärkte sind einige der Kernforderungen, mit denen Dams sein Programm konkretisiert.

HORST GEORG KOBLITZ

Inflation – Preis unserer Demokratie?

Die Inflation in der Konfliktgesellschaft (40173)

„Was sich der Verlag mit der Reihe ‚Taschenbücher zum Zeitgeschehen' vorgenommen hat, gelang ihm mit diesem Bändchen: Ein zeitnahes Problem aus Politik, Wirtschaft und Gesellschaft in knapper, verständlicher Form zu behandeln. Er begreift Inflation nicht als rein ökonomischen Prozeß, sondern als Ergebnis von Anspruchsverhalten und gesellschaftlichen Konflikten. Schön, wie er Erklärungen und Bekämpfungsversuche in historische, ja philosophische Zusammenhänge einordnet. Vollbeschäftigung, Verteilungsgerechtigkeit, Wachstum, das Anspruchsverhalten von Gruppen und Individuen – diese ganze Palette der Ursachen beschreibt er in einer Sprache, die (beinahe) jeder versteht."

(Die Zeit)

VERLAG PLOETZ · Freiburg · Würzburg